おいしく見せる

盛りつけの基本

C'est Trés Bon 主宰
宮澤奈々

はじめに

かた苦しく考えすぎないように、楽しんで。
これは、私が盛りつけをするときに心がけていることです。
料理を盛りつけるときはいつも、お客様が喜ぶ顔を想像します。
そうすると、楽しい気持ちになって、
アイデアがどんどん出てくるからです。
もちろん、和食の伝統的なルールや、
洋食のクラシックなスタイルが好まれる場合もありますが、
普段は自由に楽しみ、スタイリッシュに仕上げるのが好きです。
この本を手にとっていただいた方に、
いろいろな場面で役立てていただきたくて、
基本のほかにも、普段の食卓に応用していただけるアイデアや、
モダンなおもてなしの盛りつけも紹介しています。
皆様のお料理の仕上げに、この本を役立てていただけると嬉しいです。

宮澤奈々

本書の使い方

煮魚

煮汁を全体にかけると照りが出ておいしそうに仕上がります。きれいな色のあしらいで華やかさを添えましょう。

Point 1 煮汁はたっぷりと、広がり過ぎないように

煮汁はたっぷりかけます。ただし魚の幅よりも内側におさめて上品に仕上げましょう。

Point 2 大きめのあしらいは魚の手前に立てかける

野菜などの大きめのあしらいは、魚の手前に、煮汁のしみやすい木の芽などは魚の上に添えます。

Recipe

めばるの煮つけ

材料(4人分)

赤めばる…4尾、A(水300㎖、酒300㎖、しょうゆ大さじ5、みりん大さじ3、砂糖大さじ2)、昆布…15cm、かぶ(くし形に切ったもの)…½個分(4切)、菜花(ゆでたもの)…8切、しょうが汁…少々、木の芽…適量

作り方

①赤めばるは頭を左にしてまな板に置き、皮に切り目を入れて、煮ている途中で皮がはじけないようにする。熱湯(分量外)をかけて水で洗う。
②鍋にA、昆布を入れて強火にかけ、煮立ったら赤めばるを表になるほうを上にして重ならないように入れる。アクを取り、落としぶたをして中火で5～6分煮る。かぶ、菜花を加えてさっと煮て、しょうが汁を加えて火を止める。
③器に赤めばるを盛り、煮汁をかける。
④かぶ、菜の花、木の芽を添える。

魚を器に置いてから煮汁をかける

煮汁は魚を置いてからたっぷりかけると、魚につやが出ておいしそうになる。

木の芽は最後に添える

魚の切り目がたくさん見えると美しくないので、切り目を隠すように木の芽をふんわりと添える。

13　和食の盛りつけ

このページの料理の、盛りつけのポイントです。盛りつけのコツのなかでも、とくに基本となるポイントを紹介しています。

このページの料理の、盛りつけのプロセスを写真で紹介しています。

冷やしうどん

うどんは小さく高さを出して盛り、長皿の余白を生かします

うどんはフォークで巻いて盛りつける

大きめのフォークにうどんを取り、スプーンの上でクルクルと巻き、器に盛る。

薬味は盛りつける前に形作る

みょうがのせん切りはボウルの中で山形に整えてから、うどんの脇に添える。

Recipe

材料(4人分)

うどん(乾麺)…200g、みょうがのせん切り・しそのせん切り・貝割れ菜…各適量、うずらの卵…4個、薬味(刻みのり・白ごま・七味唐辛子)…各適量、かけつゆ(作りやすい分量：だし800㎖、煮切ったみりん40㎖、しょうゆ40㎖、塩小さじ1)…適量

作り方

① かけつゆの材料は合わせ、器に入れる。うどんはゆでて冷水にとり、水気をきる。フォークに巻き取って器に盛る。
② みょうがのせん切り、しそのせん切りを1のうどんに添える。うずらの卵は上⅓ほどを切り取り、れんげにのせて添える。薬味は別の器に盛る。うどんに貝割れ菜を添える。かけつゆをかけていただく。

使用した器

- 約60×20cmの船形の陶器
- 約3×20cmのくぼみのある薬味皿
- 長さ約10cmのガラスのれんげ
- 直径約15cmの陶器の酒器

25　和食の盛りつけ

このページの料理の材料と作り方です。大さじ1は15㎖、小さじ1は5㎖、1カップは200㎖です。材料のしょうゆはとくに表記のない場合は濃口しょうゆを使用しています。電子レンジの加熱時間は600Wを使用したときの目安です。油の温度の低温は150～160度、中温は170度前後、高温は180～190度です。

このページで使用した器の素材とおおよそのサイズです。末尾に(　)で文字が入っているものは、p.160にメーカーの問い合わせ先を掲載しています。何も入っていないものは、スタイリスト私物です。

目次

PART3 中華の盛りつけ

PART4 器に合わせて盛りつける

PART5 スイーツの盛りつけ

お店の技を拝見！

コラム

盛りつけの効果はすごい！
いつものご飯がおもてなし料理に変身

パスタ

フォークで巻くとかんたんに
高さのある盛りつけに

肉じゃが

素材別に盛りつけ、
器の余白も楽しみます

アボカドサラダ

セルクルに詰めるひと手間で
レストランの前菜のよう

かにクリームコロッケ

下に敷く、コロッケを囲む…
つけ合わせに変化をつけます

色の使い方で変わる盛りつけのイメージ

色は盛りつけの印象を決める大きな要素のひとつです。どんなイメージの盛りつけにしたいのかを考えてから、使う素材を決めるのもよいでしょう。

（上）淡い緑のすり流しに白玉と緑のきゅうりが添えられ、涼やかな印象。
（左）魚に添えるサラダを全て緑のものにし、ハーブ、ソースも緑で統一。スタイリッシュなイメージにまとめている。

色数を抑えると静かなイメージに

食材や器の色の数を少なくすると、まとまったイメージの盛りつけにしやすくなります。とくに、白や緑はチャレンジしやすい色です。器も、暖色系ではなく、上品なモノトーンや寒色系にすると、より効果的。

色をたくさん使うとにぎやかなイメージに

いろいろな色を使っている料理は楽しくにぎやかな雰囲気になります。とくに、赤や黄色などの暖色系と、反対の色である緑の食材を一緒に盛りつけると華やかさがアップ。器の色づかいはシンプルなほうが、料理が引き立ちます。

（上）黄色の菊と一緒にあえたほうれん草に、にんじんを添えてかわいらしく仕上げた酢の物。
（右）細かく切った赤と黄色のパプリカ、緑のピーマンを混ぜたマリネは、見ているだけで元気が出そう。

和食の盛りつけ

和食の盛りつけのルールとコツ

器に盛る素材の数や向きなど、基本となるルールがいくつかある和食。盛りつけを美しく見せるコツと一緒に覚えましょう。

焼き魚

魚は頭を左にするのが和食のきまりです。あしらいを添えるだけで料理店のような仕上がりに。

Point 2 あしらいは手前に添える

あしらいは魚の手前に添えます。はじかみしょうがなどの長いものは魚に立てかけるときれい。

Point 1 頭は左側にする

一尾の魚は頭を左にして置きます。切り身魚の場合は、皮を上にし、厚みのある背側を左にします。

金串を打って魚に動きをつける

魚は金串を口から尾に向かってぬうように刺すと、泳いでいるように見え、盛りつけが美しくなる。

あしらいを前後にずらすと盛りつけが立体的に

あしらいを動きが出るようにずらして添える。ハランを敷くのも彩りをよくするポイント。

Recipe

鮎の塩焼き

材料（4人分）

鮎…4尾、粗塩…適量、たでときゅうりのみぞれ酢（きゅうりをすりおろし、酢、薄口しょうゆ、砂糖、たで各少々を加えたもの）…適量、みょうがの甘酢漬け…4個

作り方

①鮎は金串を打ち、尾びれと胸びれに粗塩をしっかりとつける。表になるほうに先に火が当たるように焼く。

②熱いうちに金串を回しながら抜く。器にハランを敷き、鮎を盛る。たでときゅうりのみぞれ酢、みょうがの甘酢漬けを添える。

煮魚

煮汁を全体にかけると照りが出ておいしそうに仕上がります。
きれいな色のあしらいで華やかさを添えましょう。

Point 1 煮汁はたっぷりと、広がり過ぎないように

煮汁はたっぷりかけます。ただし魚の幅よりも内側におさめて上品に仕上げましょう。

Point 2 大きめのあしらいは魚の手前に立てかける

野菜などの大きめのあしらいは、魚の手前に、煮汁のしみやすい木の芽などは魚の上に添えます。

魚を器に置いてから煮汁をかける

煮汁は魚を置いてからたっぷりかけると、魚につやが出ておいしそうになる。

木の芽は最後に添える

魚の切り目がたくさん見えると美しくないので、切り目を隠すように木の芽をふんわりと添える。

Recipe

めばるの煮つけ

材料(4人分)

赤めばる…4尾、A(水300㎖、酒300㎖、しょうゆ大さじ5、みりん大さじ3、砂糖大さじ2)、昆布…15㎝、かぶ(くし形に切ったもの)…½個分(4切)、菜花(ゆでたもの)…8切、しょうが汁…少々、木の芽…適量

作り方

①赤めばるは頭を左にしてまな板に置き、皮に切り目を入れて、煮ている途中で皮がはじけないようにする。熱湯(分量外)をかけて水で洗う。
②鍋にA、昆布を入れて強火にかけ、煮立ったら赤めばるを表になるほうを上にして重ならないように入れる。アクを取り、落としぶたをして中火で5～6分煮る。かぶ、菜花を加えてさっと煮て、しょうが汁を加えて火を止める。
③器に赤めばるを盛り、煮汁をかける。
④かぶ、菜の花、木の芽を添える。

刺身

刺身は切り方に合わせていろいろな盛りつけができます。
買ってきた刺身でも、料理店のように仕上がります。

平造りとそぎ造りの2種盛り

Point 1 魚の種類ごとに奇数の枚数を盛りつける

和食の盛りつけでは奇数が好まれます。刺身も原則として1種類あたりの枚数を奇数にします。

Point 2 後ろが高く、前が低くを意識

複数の料理を盛るときは、後ろを高く、手前にくるほど低く盛るのが和食の盛りつけの基本です。

Point 3 つまはあいているところに盛る

懐石料理では、つまを置く場所に厳密なルールはありません。わさびは右手前の刺身に添えます。

平造りの刺身は重ねてから器に盛りつける

包丁の刃をさくに垂直に当てて切った鯛の刺身（平造りという）は、ずらして重ね、器に盛る。

そぎ造りの刺身は1枚ずつ盛りつける

そぎ切りにした鯛の刺身（そぎ造りという）は、両端を下に丸めて（両褄（りょうづま）折りという）盛る。

Recipe

材料（4人分）

鯛の平造り…12切、鯛のそぎ造り…8切、穂じそ…4本、しそ…2枚（半分に切っておく）、ムラメ・しょうゆ・わさび…各適量

作り方

刺身はしそを仕切りにして種類ごとに器に盛りつける。ムラメ、穂じそ、わさびを添え、レモン汁、酒各少々（分量外）を加えたしょうゆをかけていただく。

そぎ造りの1種盛り

両褄折りにしてふんわりと盛る

そぎ切りにした鯛の刺身（そぎ造りという）を、両端を下に丸めて（両褄（りょうづま）折りという）山高に盛る。そぎ造りは身の薄い魚や身のかたい魚に向き、一般的に白身魚に用いられる。

Point 1 **器の真ん中に山高に盛る**

刺身を1種類だけ盛るときも、盛り方の基本は同じです。奇数枚を、山高く盛るように意識しましょう。

Recipe

材料（4人分）

鯛のそぎ造り…20切、穂じそ…4本、赤とさかのり・わさび・しょうゆ…各適量

作り方

鯛そぎ造りを器に盛り、赤とさかのり、わさび、穂じそを添える。レモン汁、酒各少々（分量外）を加えたしょうゆをかけていただく。

細造りの盛りつけ

刺身を交互に山高く積む

薄く切り、細切りにした鯛の刺身（細造りという）を、先端が中央で重なるように、交互に山高く積んでいく。細造りは鯛のほかに、鯵などの小さめの魚や身の薄い魚に用いられる。

Point 2 **杉の木のように山高く盛る**

細造りの刺身は、日本料理の基本の盛り方のひとつ、杉の木の枝葉のつき方のように円錐状に盛る“杉盛り”が向いています。

Recipe

材料（4人分）

鯛の細造り…適量、穂じそ…4本、紅たで・わさび・しょうゆ…各適量

作り方

鯛の細造りを器に盛り、紅たで、わさび、穂じそを添える。レモン汁、酒各少々（分量外）を加えたしょうゆをかけていただく。

天ぷら

天ぷらは順に立てかけるようにして山高く盛ります。
見栄えがよいだけでなく、しんなりするのも防げます。

Point 1 天ぷらは円錐形になるように置く

天ぷらは全体を円錐形にするイメージで順に立てかけていくと、山高く、おいしそうに盛れます。

Point 2 大根おろしは手前に添える

大根おろしは適度にしぼり、山高に形作ってから、天ぷらの手前に添えます。

Recipe

材料(4人分)

さつまいも…4切、海老…8尾、さやいんげん…8本、しいたけ…4個、衣(卵1個、薄力粉160g、冷水600㎖)、揚げ油…適量、天つゆ(作りやすい量：だし300㎖、しょうゆ・みりん各50㎖を合わせて煮立て、かつお節5gを加えて火を止め、こす)…適量、大根おろし・おろししょうが…各適量

作り方

①海老は腹側に斜めに4～5ヵ所切り目を入れる。プチッと音がするまで背側から押して筋を切り、揚げたときに曲がらないようにする。

② 衣の材料をさっくりと混ぜ、薄力粉(分量外)をまぶしたさつまいも、海老、さやいんげん、しいたけをつける。

③揚げ油を高温に熱し、2を順に揚げる。

④懐紙を敷いた器に3を順に盛り、大根おろし、おろししょうがを添える。天つゆをつけていただく。

円錐形を意識して順に立てかける

正面からの見たときのバランスに注意して、全体が円錐形になるように立てかけていく。

土台となる天ぷらを最初に盛る

さつまいもなどの、安定した形の天ぷらを器の奥に盛り、全体の土台にする。

大きな天ぷらから順に立てかけていく

大きな天ぷらから順に、奥から立てかけていく。皿の奥側を手前にまわすと盛りつけやすい。

椀盛り

ふたをあけたときの香りや彩りの美しさが椀盛りの醍醐味のひとつ。あしらいで華やかさを添えましょう。

Point 1 あしらいは季節を感じさせるものをのせる

あしらいは季節感のあるものを入れるようにして、椀だねの上にのせます。こごみや桜は春を感じさせる素材。

Point 2 吸い地は椀だねの七分目の高さまではる

吸い地は、あしらいが流れてしまわないように、椀だねの七分目の高さまではります。

大きめのあしらいを先にのせる

お椀に椀だねを入れ、あしらいをのせていく。大きなこごみを最初に盛る。

木の芽は吸い地をはってから最後に添える

しんなりしやすく香りの飛びやすい木の芽は、一番最後に添えて椀のふたをする。

Recipe

えんどう豆のしんじょう

材料（12×15㎝の流し缶1個分）

白身魚…100g、グリーンピース（ゆでて裏ごしたもの）…50g、大和いも…30g、だし…50㎖、浮き粉…大さじ1、卵白…1個分、吸い地（だし800㎖、塩・薄口しょうゆ各小さじ1、酒小さじ½）、こごみ（ゆでて吸い地よりも少し濃く味つけしただしでさっと煮たもの）…4個、桜の花の塩漬け（塩抜きしたもの）…4個、木の芽…適量

作り方

①白身魚はフードプロセッサーですり身にする。グリーンピース、大和いも、だし50㎖、浮き粉、卵白を順に加えてそのつどフードプロセッサーで混ぜる。

② 1を流し缶に入れて蒸し器で10分蒸し、4等分に切り分ける。

③ 吸い地の材料を合わせてひと煮立ちさせる。

④ 2を器に盛り、こごみ、桜の花の塩漬けを添える。3をはり、木の芽を添える。

炊き合わせ

素材ごとに別々に味つけすると、色が美しく仕上がります。
それぞれに切り方、盛り方を変えるのもポイントです。

Point 1 食材ごとに分けて盛りつける

奥が一番高くなるように、素材ごとに盛りつけると、美しく仕上がります。

Point 2 器の余白をとる

複数の食材を使った料理はとくに、余白をたくさんとってすっきりとした印象に仕上げます。

Recipe

冬瓜、トマト、モロッコいんげんの炊き合わせ

材料(4人分)

冬瓜(種を取り、包丁で皮をこそげ取り3×2×2㎝の立方体に切ったもの)…12個、トマト…2個、モロッコいんげん…2枚、A(だし400㎖、塩小さじ¼、薄口しょうゆ小さじ2、みりん大さじ3、干し海老20g)、B(だし800㎖、塩小さじ½、薄口しょうゆ小さじ4、みりん90㎖)、青ゆず…適量

作り方

①A、Bをそれぞれ合わせてひと煮立ちさせる。Bは半量ずつに分ける。

② 冬瓜は透き通るまでゆでて水にさらし、Aでさっと煮る。トマトは湯むきし、それぞれ6等分のくし形切りにしてBにひたす。モロッコいんげんは塩(分量外)をまぶして2分ほどおき、色よくゆでて残りのBにひたす。

③ モロッコいんげんは長さ5㎝に切る。冬瓜、トマト、モロッコいんげんの順に器に盛り、冬瓜を浸したAを適量張り、青ゆずの皮をおろしてふる(温めても冷やしてもおいしくいただける)。

仕上げに青ゆずの皮をふる

仕上げにおろしたかんきつ類の皮をふると香りがよく、大きくとった器の余白も引き立つ。

形の崩れやすい野菜は細い竹串で刺して盛る

冬瓜は積み、トマトは並べて盛る。細い竹串(海老串)で刺して盛りつけると崩れず、穴も目立たない。

薄い食材は形を整えてまとめて添える

モロッコいんげんは扇状に重ねて添える。食材を重ねるときは、器の外で形を整えてから添える。

和え物

和え物は山高に盛り、器の余白を残して、上品に仕上げます。

Point 1 **こんもりと山高く盛る**

横から見て、器のふちから出ない程度に、こんもりと山高く盛ります。

Point 2 **料理の直径は小鉢の5～6割に**

小鉢に盛る場合は、料理の直径を小鉢の直径の5～6割にするとバランスがよくなります。

ボウルの中で形を作る

和え物は和えたボウルの中である程度形を作り、そのまま器に移すように盛ると盛りつけやすい。

あしらいを上にのせる

彩りがさみしいときは色のきれいな野菜をゆでて型で抜き、あしらいにすると華やかになる。

Recipe

ほうれん草と菊花の和え物

材料(4人分)

菊花(直径約5cmのもの)…2個、しめじ…8本、エリンギ…1本、ほうれん草…8株、にんじん(ゆでて型で抜いたもの)…4枚、白ごま…適量、ぽん酢(作りやすい分量：だいだいの果汁90mℓ、みりん・しょうゆ・薄口しょうゆ各60mℓ、酢・酒各10mℓ、かつお節ひとつかみ、昆布10cmを合わせてひと晩寝かせる)…大さじ4

作り方

①菊花はほぐし、酢適量(分量外)を加えた熱湯でゆでる。しめじ、エリンギ、ほうれん草もそれぞれゆで、食べやすい長さに切る。

② 1にぽん酢を加えて和え、器に盛る。白ごまを指でつぶしながらふりかけ、にんじんを添える。

香物（こうのもの）

食事はもちろん、お酒の席でも出されることの多い香物（漬け物）。基本の盛りつけを知っておけば、いろいろと応用できます。

3種盛り

Point 1 器の中央にこんもりと盛りつける

漬け物の盛りつけの基本は、器の中央に盛ること。数種類盛るときも中央に寄せて盛ります。

Point 2 形の違う漬け物を取り合わせ、背の高いものは奥に盛る

奥が高くなるように盛りつけます。種類ごとに違う盛り方をするとバランスがよくなります。

上にのせる漬け物は少しずらす

輪切りのきゅうりは積み上げ、細長い大根は重ねる。上下の漬け物はずらし、動きを出す。

Recipe

材料（4人分）

漬け物（大根、きゅうり、しば漬け）…各適量

作り方

① きゅうりは輪切りにする。

② 1と残りの漬け物を順に器に盛る。

細長い器に盛りつけるとモダンな印象に

どんな器でも、漬け物の盛り方の基本は中央にこんもりと盛ること。同じ盛り方をしても、器が変わるだけでとてもモダンな印象になります。

5種盛り

Point 1 **ボリュームのあるものを一番奥に盛りつける**

鉢に盛るときは、一番奥のものに全体が寄り添うように。多種の場合はそれぞれがきちんと見えるように配置します。

土台の漬け物に立てかけるように盛りつける

大根を奥に盛り、そこを土台にして横、手前に漬け物を盛りつけていく。刻んだ漬け物は最後に盛る。

Recipe

材料

漬け物(大根、なす、しば漬け、きゅうり、刻み野沢菜)…各適量

作り方

① なすは輪切りに、きゅうりは斜め切りにする。

② 1と残りの漬け物を順に器に盛る。

かくや(漬け物を刻んで調味したもの)

Point 2 **こんもりと山高く盛りつける**

器の中央に山高く盛りつけます。指のあとが残らないよう、ふんわりとまとめます。

形を整えてから器に移す

味つけをしたボウルの中で、ある程度形を作ってから手と箸で器に移す。

Recipe

材料(4人分)

漬け物(たくわん・きゅうり)…各適量、しょうが汁・しそ・みょうが・ごま…各適量、しょうゆ…少々

作り方

① 漬け物をみじん切りにして氷水でさっと洗い、かたくしぼる。

② 1にしょうが汁を加え、しそとみょうがを刻んでごまとともに加えて混ぜる。しょうゆで味を調え、器に盛る。

おなじみの和食の盛りつけ

おひたし、冷や奴、筑前煮などの、慣れ親しんだ和食も、少しのコツで素敵に。毎日の食卓がグンと華やぎます。

鯵の干物と卵焼きの朝食

ハランや変わりおろしで定番の朝食に彩りを添えます

大根おろしは手で丸める

基本は山高に盛りつける大根おろしを、手の平で転がして丸め、かわいく仕上げる。上手に丸くするには、水分をきりすぎないのがコツ。

ハランを敷いた皿に干物をのせる

鯵の干物を、ハランと角度を変えて器にのせる。丸い皿でもハランを敷くとバランスがよくなる。

使用した器

- 直径約20cmの磁器の平皿
- 約27×10cmの磁器の平皿
- 約9×7cmの磁器の豆皿

Recipe

材料(4人分)

鯵の干物…4尾、大根おろし(ゆでた菊花を混ぜたもの)・青ゆずの皮・にんじんのなます…各適量

卵…3個、だし…大さじ3、砂糖…大さじ1、塩…ふたつまみ、サラダ油…適量、みょうがの甘酢漬け…2個、大根おろし…適量

漬け物…適量、しょうゆ…適量

作り方

①卵は割りほぐし、だし、砂糖、塩を加えて混ぜる。

② 卵焼き器にサラダ油を薄く敷いて中火にかけ、1を⅓量ずつ流し入れてそのつど巻き、焼き上げる。巻きすで巻いて形を整える。食べやすい大きさに切る。

③ 卵焼きを器に盛り、みょうがの甘酢漬け、大根おろし、色どりににたちかずらを添える。

④ 鯵の干物を、皮が先に火が当たるように焼く。

⑤ 鯵の干物を、ハランを敷いた器に盛り、菊花を混ぜた大根おろし、にんじんのなます、青ゆずの皮を添える。

⑥ 漬け物を器に盛る。好みでしょうゆをかけていただく。

冷奴、納豆、おひたしの朝食

銘々の小鉢を器に入れるだけで すっきり統一された印象に

Recipe

材料(4人分)

豆腐…¼丁、納豆…40g、ほうれん草…4株、黒ごま・白ごま・しそのせん切り・大根おろし・しらす干し・しょうゆ…各適量

作り方

① ほうれん草はゆでて冷水にとり、水気をしぼる。12等分して断面に黒ごま、白ごまをつけ、器に盛る。

② 豆腐は型で抜き、器に盛る。竹串で黒ごまを飾る。

③ 納豆、しそ、大根おろし、しらす干し、ご飯は山盛りにならないように器に盛る。しょうゆや薬味を好みで加えていただく。

おひたしは断面にごまをつける

ごまを小皿に入れ、切り分けたほうれん草の断面をつけてごまをつける。

豆腐は抜き型で抜き ごまで飾る

細かい飾りつけは竹串など先の細いものでつかむとのせやすい。

使用した器

- 直径約16cm×高さ約6cmの磁器の鉢(有)
- 直径約7cm×高さ約5cmの磁器の小鉢(有)
- 直径約5cm×高さ約4cmの磁器の小鉢(有)
- 直径約4cm×高さ約3.5cmの磁器の小鉢(有)
- 直径約12cmの磁器の茶碗(有)
- 約8×21cmのくぼみのある脚つきガラスプレート(グ)
- 直径約5cmのガラスの豆皿(グ)
- 約4×4×4cmのガラスの器(ス)

冷やしうどん

うどんは小さく高さを出して盛り、長皿の余白を生かします

うどんはフォークで巻いて盛りつける

大きめのフォークにうどんを取り、スプーンの上でクルクルと巻き、器に盛る。

薬味は盛りつける前に形作る

みょうがのせん切りはボウルの中で山形に整えてから、うどんの脇に添える。

Recipe

材料（4人分）

うどん（乾麺）…200g、みょうがのせん切り・しそのせん切り・貝割れ菜…各適量、うずらの卵…4個、薬味（刻みのり・白ごま・七味唐辛子）…各適量、かけつゆ（作りやすい分量：だし800㎖、煮切ったみりん40㎖、しょうゆ40㎖、塩小さじ1）…適量

作り方

① かけつゆの材料は合わせ、器に入れる。うどんはゆでて冷水にとり、水気をきる。フォークに巻き取って器に盛る。

② みょうがのせん切り、しそのせん切りを1のうどんに添える。うずらの卵は上⅓ほどを切り取り、れんげにのせて添える。薬味は別の器に盛る。うどんに貝割れ菜を添える。かけつゆをかけていただく。

使用した器

- 約60×20㎝の船形の陶器
- 約3×20㎝のくぼみのある薬味皿
- 長さ約10㎝のガラスのれんげ
- 直径約15㎝の陶器の酒器

筑前煮と湯豆腐

色のさびしい煮物や湯豆腐は仕上げに赤や緑の野菜を添えて

筑前煮はにんじんを バランスよく置く

先ににんじんときぬさや以外の具を盛り、後からにんじんをバランスのよいところに添えていく。

きぬさやは重ねてから添える

きぬさやは3枚ずつ重ね、扇形に整えてから彩りのさびしいところに添えていく。

型で抜いたにんじんで 彩りを添える

ゆでたにんじんやだしをとった昆布を型で抜き、湯豆腐の中に入れる。

使用した器

- 直径約22cm×高さ約11cmの陶器の鉢(箕)
- 直径約27cmの陶器の丸皿(箕)
- 直径約7cm×高さ約5cmの陶器の小鉢(箕)
- 直径約12cmの土鍋
- 直径約18cmの金属のプレート
- 直径約5cmの花形のガラス豆皿(ス)
- 約30×10×0.6cmの石のプレート(R)

Recipe

筑前煮

材料(4人分)

厚揚げ…1/3枚、牛こま切れ肉…200g、しいたけ…4枚、ごぼう…1/3本、こんにゃく…1/2枚、れんこん…3cm、里いも…2個、にんじん…1/5本、A(酒大さじ3、水600mℓ、しょうゆ大さじ4、砂糖大さじ3、みりん大さじ1)、サラダ油…適量、きぬさや(ゆでて両端を斜めに切ったもの)・白ごま…各適量

作り方

① 牛肉をサラダ油で炒め、食べやすい大きさに揃えて切ったきぬさや以外の野菜、こんにゃく、厚揚げを加えてさらに炒め、Aを加えて煮る。

② 1のにんじん以外を器に盛る。次ににんじんを盛り、最後にきぬさやを添えて白ごまをふる。

湯豆腐

材料(4人分)

豆腐…1丁、にんじん(ゆでて型で抜いたもの)…8枚、昆布…10cm、芽ねぎ…適量、薬味(あさつきのみじん切り・削りがつお・ゆずこしょう)…各適量、しょうゆ…適量

作り方

① 鍋に水適量(分量外)と昆布を入れ、昆布をもどす。昆布は型で抜く。

② 豆腐を切って鍋に入れ、火にかける。温まったらにんじん、1の昆布を加える。芽ねぎを束にし、別の芽ねぎ1本で結び、豆腐の上に添える。

③ 薬味はそれぞれ器に盛る。しょうゆをつけていただく。

ふろふき大根と白和え

そぼろやあしらいを丁寧にのせて 料亭風のふろふき大根が完成

大根は 細い竹串で盛りつける

柔らかい大根は細い竹串（海老串）で刺して盛ると形が崩れない。

ゆずの皮をふりかける

ゆずの皮をふりかけると香りがよくなり、皿のふちに彩りが加わり華やぐ。

芽ねぎは両端を 切り揃える

あしらいの芽ねぎはきれいに束にし、両端をキッチンばさみで切って揃える。

白和えは器の中で 円錐形に整える

柔らかい白和えは器の内側につかないように箸で盛り、円錐形に形を整える。

Recipe

ふろふき大根

材料（4人分）

大根…20㎝、A（だし400mℓ、薄口しょうゆ小さじ1、塩小さじ½、みりん小さじ2）、鶏ひき肉…200g、長ねぎ…1本、しょうがのみじん切り…少々、B（酒大さじ4、赤みそ大さじ2、しょうゆ大さじ1、砂糖大さじ2）、サラダ油…少々、芽ねぎ・ゆずの皮…各適量、にんじん（型で抜いてゆでたもの）…4枚

作り方

① 大根は水からゆで、竹串がスッと通るくらい柔らかくなったら水にとり、水気をきる。Aを煮立てて大根を加え、10分ほど煮る。

② 長ねぎはみじん切りにする。長ねぎ、しょうがのみじん切りをサラダ油で炒め、鶏ひき肉を加えてさらに炒める。Bを加えて水分がなくなるまで煮る。

③ 1の大根を器に盛り、2をのせ、芽ねぎを添える。にんじんを飾り、ゆずの皮をおろしてふる。

白和え

材料（4人分）

厚揚げ（まわりの茶色い部分を取ったもの）…1枚、砂糖・白練りごま…各大さじ1、薄口しょうゆ…少々、好みの具のせん切り（にんじん、大根、ごぼう、こんにゃくなどをゆでたものや厚揚げの茶色い部分など）…適量、きぬさや（ゆでて端を斜めに切り、半分に切ったもの）…4枚、黒ごま…少々

作り方

① 厚揚げ、砂糖、白練りごま、薄口しょうゆをフードプロセッサーでなめらかになるまで混ぜる（厚揚げは豆腐に比べて水分が少ないので水きりする手間が省ける）。

② 1と好みの具のせん切りを混ぜ、器に盛る。きぬさや、黒ごまを添える。

使用した器

- 直径約35cm×高さ15cmの、直径約10cmのくぼみのある磁器の鉢
- 直径約7cm×高さ約10cmのグラス

鶏の照り焼きとけんちん汁

鶏肉はきれいに揃えて盛りつけ、あしらいや添え物で丁寧な印象に

**鶏肉は3枚重ねて
まとめて器に盛りつける**

鶏の照り焼きは切り、まな板の上で重ねて形を整え、そのまま移すように器に盛る。

**長いもは細い竹串で
盛りつける**

長いもは細い竹串(海老串)で刺して盛ると崩れない。また、整然と積むとフォーマル感が出る。

**仕上げにあさつきを添えて
盛りつけに動きを出す**

長いもや鶏肉を揃えて置いたところに、細く、曲線を描くあさつきを添えると動きが出る。

**にんじんやほうれん草を
上に出す**

けんちん汁はにんじんやほうれん草などの彩りのよい野菜がよく見えるようにする。

Recipe

鶏の照り焼き

材料(4人分)

鶏もも肉…2枚、A(水200㎖、酒大さじ2、みりん大さじ2、しょうゆ大さじ3)、長いも…24㎝、B(だし400㎖、砂糖・薄口しょうゆ各大さじ1、みりん大さじ3、塩小さじ1)、あさつき…4本、白ごま・七味唐辛子…各少々

作り方

① Aを煮立て、鶏肉を加えて20～30分煮る。

② 長いもは厚さ2㎝に切って六方にむき(側面を6回に分けてむき)、酢水(分量外)にさらす。米のとぎ汁(分量外)に入れて火にかけ、竹串がスッと通るくらい柔らかくなったら水にさらす。

③ Bを煮立てて水気をきった2を加え、弱火で20分ほど煮る。

④ 1の鶏肉を12枚のそぎ切りにし、ハランを敷いた器に盛る。3の長いもを器に盛る。白ごま、七味唐辛子をふり、あさつきを添える。

けんちん汁

材料(4人分)

鶏もも肉…50g、厚揚げ…½枚、ごぼう…30g、大根…100g、長ねぎ…⅓本、れんこん…3㎝、にんじん…⅕本、里いも…1個、こんにゃく…¼枚、しいたけ…2枚、ほうれん草…4株、薄口しょうゆ…大さじ2、塩…小さじ1、砂糖…小さじ2、サラダ油…適量

作り方

① 鶏肉、厚揚げ、ごぼう、大根、長ねぎ、れんこん、にんじん、里いも、こんにゃく、しいたけは食べやすい大きさに切る。

② 1をサラダ油で炒め、水800㎖(分量外)を加えて野菜が柔らかくなるまで煮る。薄口しょうゆ、塩、砂糖で味を調える。

③ ほうれん草を色よくゆでて長さ5㎝に切り、2に加える。器に盛る。

使用した器

- 約45×20㎝の塗りの長皿(山)
- 直径約10㎝×高さ約10㎝の塗りのお椀

おもてなしの和食の盛りつけ

季節の変化を楽しむ和食。身近な料理でも、盛りつけで季節感を出すだけで、素敵なおもてなし料理になります。

春色のトッピングで
太巻き寿司を華やかに

太巻きの具を、巻かずに上にあしらって。
かんたんに、華のある演出ができます。

春のお椀は桜づくしに仕上げます

鮭の色が透ける、ピンク色のきれいなお椀。
木の芽の青みで清々しさも加えて。

ひと口サイズの水ようかんをれんげにのせて

白あんを使った淡い色合いの水ようかんには、桜の花の色がぴったり。

太巻き寿司

使用した器

約30×30cmのガラスのプレート（グ）

ムラメを葉に見立てて添える

花の型で抜いた卵焼きに、ムラメを葉のように添える。卵焼きの中央はケチャップで飾りつける。

正方形に切った刺身を積み上げる

まぐろをさいの目に切り、1個ずつきれいに積む。中央にわさびを添える。

カードでまっすぐに整える

太巻き寿司を全て盛りつけたら仕上げにカードで押して、きれいに並ぶように整える。

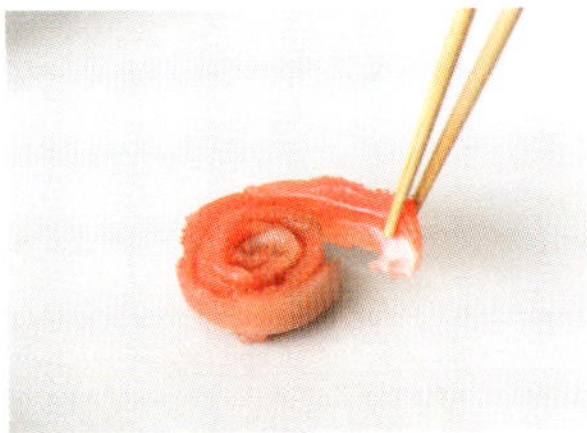

まぐろを巻いて花に見立てる

まぐろを細く切ってクルクルと巻き、バラの花のように整えて太巻き寿司にのせ、あさつきの輪切りを添える。

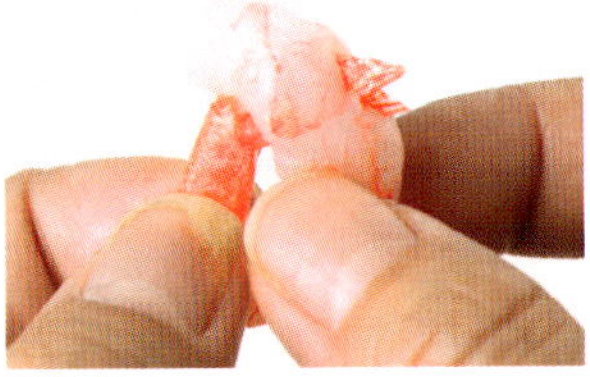

甘海老は尾が出るように巻く

甘海老は胴に切り込みを入れ、そこから尾を出して青じそをのせた太巻き寿司にのせる。

Recipe

材料（9個分）

すし飯…160g、のり…1枚、すし用の卵焼き…1枚、鯛の刺身…1切、まぐろの刺身…2切、甘海老…2尾、小柱・かに・うに・いくら…各適量、ケチャップ・ムラメ・紅たで・わさび・芽ねぎ・菜花の穂先・きゅうりの輪切り・しそ・木の芽・あさつきの輪切り…各少々

作り方

① 巻きすにのりをのせ、すし飯を手前にのせて幅20cmほどに広げ、全体の太さが均等になるように巻く。
② 1を9等分し、器に盛る。
③ 具を2に盛りつける。卵焼きは花型で抜き、ケチャップ、ムラメを添える。
④ 鯛の刺身はふんわりと丸め、紅たでを添える。
⑤ まぐろの刺身は1枚を角切りにして積み、わさびを添える。もう1枚は細切りにしてクルクルと巻き、あさつきの輪切りを添える。
⑥ 小柱は積み、両端を切り揃えた芽ねぎを添える。
⑦ かには横向きに揃えて菜花の穂先を添える。
⑧ うにはきゅうりの輪切りを敷いてから盛る。
⑨ 甘海老は身に切り込みを入れてそこから尾を出し、しそを敷いてから盛る。
⑩ いくらは木の芽を添える。
⑪ 太巻きがまっすぐに並ぶようにカードで整える。

鮭の桜蒸し椀

木の芽は仕上げに添える

お椀のあしらいの木の芽はしんなりしやすいので、吸い地をはってから仕上げに添える。

使用した器

- 直径約15㎝の塗りのお椀

Recipe

材料（4人分）

鮭…120g、片栗粉・卵白・新挽き粉…各適量、塩・酒…各適量、桜の葉の塩漬け（塩を抜いたもの）…4枚、A（だし500mℓ、薄口しょうゆ小さじ1、塩小さじ¼）、桜の花の塩漬け（塩を抜いたもの）…4個、木の芽…4枚

作り方

① 鮭は30gずつに切り分け、塩、酒をふって15分おき、水分をふく。
② 1にそれぞれ片栗粉、卵白、新挽き粉を順にまぶし、桜の葉の塩漬けで巻き、蒸し器で10分蒸す。
③ Aを合わせてひと煮立ちさせ、吸い地を作る。
④ 器に2を盛り、桜の花の塩漬けを添え、吸い地をはって木の芽を添える。

桜ようかん

桜の花は盛りつけの最後に

水ようかんに桜の花を飾って春らしさを出す。れんげに水ようかんをひとつずつ盛ってから添える。

使用した器

- 長さ約10㎝のガラスのれんげ

Recipe

材料（直径3㎝の半球状のシリコン型20個分）

砂糖…40g、アガー…5g、白あん…100g、水100mℓ、桜の花の塩漬け（塩抜きしみじん切りにしたもの）…5個分、桜の花の塩漬け（塩抜きしたもの）…20個

※アガー…海藻が原料の凝固剤。

作り方

① 砂糖とアガーはよく混ぜ、沸騰した湯を注いで溶かす。
② 1に白あんとみじん切りにした桜の花の塩漬けを加えてよく混ぜる。固まらないうちに手早く型に流して冷蔵庫で冷やし固める。
③ 2を型から出して器に盛り、桜の花の塩漬けを添える。

木の器とガラスの小皿使いで
前菜を夏らしくまとめる

違う素材の器を組み合わせるときは、
葉や布を1枚敷くとまとまります。

すりガラスの器で上品な透け感に

夏野菜の冬瓜を使った、冷たいすり流し。中には海老が隠れています。

素麺は束を崩さずに盛り込みます

美しい曲線を描く素麺は、流れる水を連想させます。つゆもはりすぎないようにし、上品に仕上げます。

口取り5種 豆乳寄せ、まぐろの山かけ、アスパラガスのおひたし、枝豆の塩ゆで、小梅

使用した器

- 直径約40cmの木の盆
- 直径約8cmのガラスの豆皿(ス)
- 直径約7cmのガラスの小鉢(ス)
- 直径約5cmの木の小鉢

オクラは竹串で種を取る

オクラは、種を取ると見た目が美しくなり、食感もよくなる。

大きなものから盛りつける

木の盆に緑の葉を敷き、小皿に盛った口取りをのせていく。

最後に細かいものを盛りつける

小皿に盛った口取りの位置が決まったら、枝豆と小梅をバランスのよいところに盛りつける。

Recipe

材料(4人分)

豆乳寄せ

豆乳…300㎖、水…100㎖、粉ゼラチン…5g（水大さじ1にふり入れてふやかす)、A(だし200㎖、薄口しょうゆ20㎖、みりん10㎖)、水溶き葛…適量、オクラの輪切り…4個、オクラのみじん切り・うに・タピオカ(ゆでたもの)…各適量

まぐろの山かけ

まぐろの刺身…100g、大和いも(すりおろしたもの)・わさび…各適量

アスパラガスのおひたし

アスパラガス…4本、A（だし50㎖、酢20㎖、薄口しょうゆ…30㎖)、かつお節…5g

枝豆の塩ゆで

枝豆(枝つきのもの)…40房、塩…適量

そのほか

小梅…12個、きゅうり(型で抜いたもの)…15枚

作り方

豆乳寄せ

① 豆乳と水を合わせて弱火で温め、ふやかした粉ゼラチンを加えて溶かす。鍋を氷水に当て、粗熱が取れたら器に流し入れ、冷蔵庫で冷やし固める。

② Aを合わせてひと煮立ちさせ、水溶き葛を加えてとろみをつけ、冷ます。1にかけ、タピオカ、オクラのみじん切り、オクラの輪切り、うにを添える。

まぐろの山かけ

まぐろの刺身は1cm角のさいの目に切り、器に山高に盛る。大和いもをかけ、わさびを添える。

アスパラガスのおひたし

① アスパラガスはゆでて長さ3cmに切る。

② Aを合わせてひと煮立ちさせ、かつお節を加えて冷ます。

③ 1を器に盛り、2をかける。

枝豆の塩ゆで

枝豆は大きな枝を除いて塩ゆでし、器に盛る。

冬瓜のすり流し

使用した器

直径約6cm×高さ約8cmのガラスの茶碗(ス)

青もみじで季節感を出す

きゅうりの皮をもみじの型で抜き、仕上げに添える。夏の植物の青もみじのように見える。

Recipe

材料(4人分)

冬瓜…200g、白玉粉…30g、海老…4尾、片栗粉…適量、A(だし500mℓ、薄口しょうゆ・みりん各大さじ1、塩少々)、水溶き葛…適量、きゅうり(型で抜いたもの)…4枚

作り方

① 冬瓜は薄皮をこそげ取り、おろす。白玉粉は水適量(分量外)を加えてこね、8等分して丸め、ゆでる。海老は片栗粉をつけてゆでる。

② Aを合わせて煮立て、おろした冬瓜を加える。再び煮立ったら水溶き葛を加えてとろみをつけて冷やす。

③ 器に1の海老を入れて2を注ぎ、1の白玉を盛り、きゅうりを添える。

素麺

使用した器

約18×15cm、高さ約6cmのガラスの鉢(ス)

素麺は端をしばってゆで束を整えて盛りつける

素麺は端を糸でしばってゆで、盛るときに端を切るときれいな束状になる。

Recipe

材料(4人分)

素麺…4束、A(だし800mℓ、煮切ったみりん40mℓ、しょうゆ40mℓ、塩小さじ1)、薄焼き卵(巻いて三つ葉で結んだもの)…4個、海老(ゆでたもの)4尾、しいたけの煮物…1個、きゅうり(型で抜いたもの)…4枚

作り方

① Aを合わせてかけつゆを作り、冷やす。しいたけの煮物は4等分に切る。素麺は端を糸でしばり、ゆでて冷水にとる。

② 素麺の水気をきり、器に盛り、しばった部分を切る。薄焼き卵、海老、しいたけの煮物、きゅうりを添え、かけつゆをかける。

たっぷりの食材を大きな籠に盛って
実りの秋を感じる

秋の味覚がぎっしりと詰まった籠盛りでおもてなし。
温かみを感じる土鍋で炊いたご飯も色とりどりに飾りつけて。

秋の味覚の籠盛り

使用した器

- 直径約60cmの籠
- 直径約6cm×高さ約5cmの陶器の小鉢
- 直径約6cmの籠

大きなものから籠に入れていく

籠の、料理をじかに盛る部分にハランを敷き、器に入れたかぶの吹き寄せから先に入れる。

次に大きなものを入れてバランスを見る

かぶの吹き寄せの次に大きな鮭の幽庵焼き、いくらおろし和えレモン釜を入れ、全体のバランスを決める。

最後に小さなものを入れて整える

れんこんや銀杏の素揚げなどの小さな料理は最後にすき間を埋めるように入れ、細かい部分を整える。

Recipe

材料(4人分・写真は3人分)

かぶの吹き寄せ

かぶ…4個、海老…4尾、銀杏…4粒、百合根(鱗茎をはがしたもの)…¼個分、さやいんげん…4本、しめじ…4本、菊花…1個、A(だし300mℓ、薄口しょうゆ小さじ1、塩小さじ¼)、B(だし150mℓ、薄口しょうゆ小さじ1、みりん小さじ2)、水溶き片栗粉…適量

いくらおろし和えレモン釜

レモン…4個、大根おろし…2カップ、薄口しょうゆ…少々、いくら・三つ葉(ゆでて長さ1cmに切ったもの)…各適量

鮭の幽庵焼き

鮭…1切、A(しょうゆ・酒・みりん各50mℓ)、マヨネーズ…適量、いくら…適量

どんぐりうずら

うずらの卵の水煮…4個、しょうゆ…適量、けしの実…適量

しめじ松葉

しめじ…4本、A(だし800mℓ、みりん・薄口しょうゆ各小さじ2)

銀杏、れんこん素揚げ

銀杏…8粒、れんこん(薄切り)…8枚、サラダ油…適量

生麩煮

柿・いちょうの細工麩…適量、A(だし200mℓ、みりん大さじ2、塩小さじ⅓)

作り方

かぶの吹き寄せ

① かぶは茎を1cm残して厚めに皮をむく。米少々(分量外)を加えた水に入れて火にかけ、下ゆでする。Aを煮立ててかぶを入れ、サッと煮て冷めるまで漬けておく。

② 海老、銀杏、百合根、さやいんげんはそれぞれ塩ゆでし、海老とさやいんげんは長さ1cmに切り、しめじと合わせてBで煮る。ほぐしてゆでた菊花を加え、水溶き片栗粉を加えてとろみをつける。

③ 1を器に盛り、2をかけて籠に盛る。

いくらおろし和えレモン釜

① レモンは包丁で切り込みを入れて中身をくり抜く(p.147「フルーツ籠の作り方」参照)。

② 大根おろしに薄口しょうゆを加えて軽く味つけし、いくら、三つ葉を加えて和える。

③ 2を1に詰め、籠に盛る。

鮭の幽庵焼き

① 鮭は4等分に切り、Aに20分漬ける。

② 1をこんがり焼く。マヨネーズを塗っていくらを散らし、再びこんがりと焼き、籠に盛る。

どんぐりうずら

うずらの卵の水煮はしょうゆにひと晩漬け、水で洗ってふく。下半分にけしの実をまぶして器に盛り、籠に盛る。

しめじ松葉

① Aを合わせて煮立て、しめじを加えて5分ほど煮る。

② 1の汁気をきり、松葉に刺し、籠に盛る。

銀杏、れんこん素揚げ

中温に熱したサラダ油で銀杏、れんこんを揚げ、塩をまぶし、銀杏は器に盛り、籠に盛る。

生麩煮

Aを合わせて煮立て、細工麩を3分ほど煮てそのまま冷ます。

秋鮭ときのこのご飯

菊花を彩りよく散らす

炊き上がったご飯の上に2色の菊花を散らし、同じ色がかたまらないようにバランスをとる。

型抜きしたかぼちゃなどを散らす

いちょうやかえでの紅葉が散り落ちたように、葉の形に抜いたかぼちゃとにんじんを散らす。

彩りのいくらを添える

いくらはにんじんやかぼちゃと同じくらいの大きさにまとめて、最後に添える。

使用した器

直径約35cmの土鍋（島）

Recipe

材料（4人分）

米…1.5合、もち米…0.5合、生鮭…2切、しめじ…100 g、油揚げ…1枚、A（だし400㎖、酒・薄口しょうゆ・みりん各小さじ1、塩少々）、あさつき（斜め切りにしたもの）・菊花（ほぐしてゆで、甘酢につけたもの）・いくら…各適量、にんじん・かぼちゃ（型で抜き、だし100㎖、みりん小さじ2、薄口しょうゆ小さじ1、塩少々で煮たもの）…各5枚

作り方

① 米ともち米はといで浸水させ、水気をきる。鮭はぶつ切りにする。油揚げは細切りにする。しめじは石づきを除いてほぐす。

② Aを煮立たせ、油揚げ、しめじを加えてさっと煮る。

③ 土鍋に米ともち米を入れて2を加え、強火にかける。吹きこぼれそうになったら吹きこぼれない程度に火を弱めて10分ほど加熱し、さらに弱火にして7～8分ほど加熱し、火を止める。すぐに鮭を入れてふたをし、10分ほど蒸らして火を通す。

④ 鮭をほぐして散らし、あさつき、菊花、にんじん、かぼちゃを散らす。いくらを添える。

一の重から三の重まで、
ぎっしりと盛り込まれたおせち料理は
年に一度のぜいたくです

お重の盛りつけは、大きなものから盛りつけると意外に簡単。
小さめのお重を使うと、より盛りつけやすくなります。

一の重

使用した器

- 約14×14cm、高さ約5cmの塗りのお重
- 直径約5cm、高さ約4cmの磁器の小鉢（有）

盛りつけ手順

なます、黒豆、きんとんを小鉢に入れ、黒豆にちょろぎを、きんとんに金箔を飾り、お重に斜めに並べる。あいている角にかまぼこ、たたきごぼうを盛る。あいているところに子持ち昆布、田作り、数の子、生麩煮を盛っていく。

Recipe

※材料は全て作りやすい分量

なます

材料　大根…400g、にんじん…90g、A（酢・水各100mℓ、砂糖大さじ2）、唐辛子（種を抜いたもの）…1本

作り方　① 大根、にんじんはせん切りにし、それぞれ塩少々（分量外）を加えてもむ。しんなりしたら水気をしぼる。

② Aを合わせて火にかけ、砂糖を溶かす。唐辛子を加え、1を漬ける。

数の子のしょうゆ漬け

材料　数の子…5本、A（だし400mℓ、しょうゆ30mℓ、酒・みりん各25mℓ）、かつお節…ひと握り

作り方　① 数の子は薄い塩水にひと晩つけ、塩を抜き、皮をむいて水で洗い、ふく。

② Aを合わせて煮立て、かつお節を加えてすぐに火を止め、こして冷ます。1をひと晩漬ける。

子持ち昆布のしょうゆ漬け

材料　子持ち昆布…適量、A（煮切った酒・だし各100mℓ、薄口しょうゆ・しょうゆ各25mℓ）、かつお節…5g

作り方　子持ち昆布は食べやすい大きさに切る。Aを合わせて煮立て、かつお節を加えてさらに1分ほど煮立てて冷ます。子持ち昆布を半日以上漬ける。

黒豆

材料　黒豆…100g、水…150mℓ、砂糖…160g、しょうゆ…小さじ1、ちょろぎ…適量

作り方　① 黒豆は洗い、米のとぎ汁（分量外）にひたしてキッチンペーパーをかぶせ、ひと晩おく。鍋に水1ℓ（分量外）、重曹小さじ1（分量外）を入れ、水気をきった黒豆を加えて強火にかけ、煮立ったら落としぶたをして弱火にし、黒豆が柔らかくなるまで2時間ほど煮てそのまま完全に冷ます。

② 落としぶたの上から流水を少しずつ流し入れ、水がきれいになったら、たっぷりの水が入った状態で沸騰するまで弱火にかける。

③ 別の鍋に湯を沸かし、沸騰したら2の豆をすくって移し替え、10分ほど煮る。

④ 別の鍋に水150mℓ、砂糖100gを入れて火にかけ、ひと煮立ちさせて砂糖を溶かす。

⑤ 3の黒豆をすくって4に移し変え、紙ぶたをして20分ほど弱火で煮含める。火を止めてそのまま冷ます。砂糖60gを加えて再び弱火にかけ、砂糖が溶けたらしょうゆを加えて火を止め、冷ます。

田作り

材料　田作り（市販品）…50g、A（酒50mℓ、砂糖・しょうゆ各大さじ1）、ローストカシューナッツ（ダイス）…25g

作り方　① 田作りはこんがりといり、ざるに入れてゴミを落とす。

② Aを煮立て、とろっとしたら1を加えて箸で混ぜてからませる。広げて冷まし、カシューナッツを加えて混ぜる。

たたきごぼう

材料　ごぼう…1本、A（だし100mℓ、薄口しょうゆ・みりん各大さじ½）、B（白練りごま大さじ2、酢・砂糖・薄口しょうゆ各大さじ½、白ごま少々）

作り方　① ごぼうは長さ5cmに切り、縦に6等分して酢水（分量外）にさらす。酢（分量外）を加えた湯でゆでて水にさらし、水気をきる。

② Aを合わせて煮立て、1を加えて10分ほど煮て水気をきる。

③ Bを合わせ、かたければ2の煮汁でのばし、2のごぼうを加えて混ぜる。

きんとん

材料　さつまいも…250g、栗の甘露煮…10個、A（水100mℓ、砂糖100g、みりん大さじ2、塩小さじ¼）、クチナシ…1個、金箔…少々

作り方　① さつまいもは皮をむき、厚さ2cmに切り、クチナシとともに水からゆでて裏ごしする。

② Aを合わせて火にかけ、砂糖を溶かす。

③ 1に2を加え、弱火にかけながら混ぜ、栗の甘露煮を混ぜて冷ます。

生麩煮

材料　細工麩…適量、A（だし200mℓ、みりん大さじ2、塩小さじ⅓）

作り方　細工麩は水で洗って食べやすい大きさに切る。Aを合わせて煮立て、細工麩を加え3分ほど煮てそのまま冷ます。

手綱かまぼこ

材料　かまぼこ（紅白）…適量

作り方　かまぼこは厚さ1cmに切る。紅のかまぼこは手綱にする（p.56参照）。

二の重

盛りつけ手順

お重の奥に錦卵、ぶりの西京焼きを盛り、れんこん甘酢漬けを仕切りにして海老のつや煮を盛る。鶏団子、スナップえんどう、百合根甘煮を盛り、お重の手前にかぶの甘酢漬け、金柑蜜煮を盛る。黒豆と生麩煮を添える。

Recipe

※材料は全て作りやすい分量

錦卵（11×5×3cmの流しかん1個分）

材料　ゆで卵…3～4個、砂糖…大さじ3～3½、塩…ひとつまみ

作り方　① ゆで卵は白身と黄身に分け、それぞれ裏ごす。

② 箸を先端が開くように3本持ち、白身をほぐす。砂糖大さじ1½～2と塩を加えて箸でしっとりするまで混ぜる。黄身も同様にほぐし、砂糖大さじ1½と塩を加えてしっとりするまで混ぜる。

③ 流し缶に2の白身を入れて平らにならす。その上に黄身を入れる。蒸し器で中火で8分蒸す。お重に盛りやすいように切り分ける。

ぶりの西京焼き

材料　ぶり…3切、西京みそ…200g、みりん…大さじ2～3

作り方　① ぶりは塩（分量外）をふり、30分置いて水気をふき、食べやすい大きさに切る。西京みそにみりんを加えて混ぜ、ガーゼでくるんだぶりを1～3日漬ける。

② 1のガーゼを取り、こんがりと焼いてみりん（分量外）をぬり、冷ます。

れんこん甘酢漬け

材料　れんこん…5cm、A（水・酢各100mℓ、砂糖大さじ3、塩少々）

作り方　① れんこんは薄切りにし、穴の形に合わせて外側を切る。酢水（分量外）につけてからゆで、冷ます。

② Aを合わせて煮立て、冷まし、1を漬ける。

海老のつや煮

材料　海老（頭つき）…10尾、A（酒200mℓ、みりん100mℓ、砂糖大さじ2、薄口しょうゆ大さじ1）、しょうがの薄切り…1枚

作り方　Aを合わせて煮立てて煮汁が⅙くらいになるまで煮詰める。海老を加えて中火で5分ほど煮て、しょうがの薄切りを加え

参照）。水からゆで、沸騰後15分ほどで取り出し、水気をきる。
② Aを合わせて煮立て、1を加えて15～20分煮てそのまま冷ます。

たけのこ煮

材料　たけのこの水煮…1本、A（だし100mℓ、薄口しょうゆ・みりん各大さじ1）

作り方　① たけのこはさっとゆでて水にさらし食べやすい大きさに切る。
② Aを合わせて煮立て、1を加え、弱火で15～20分煮てそのまま冷ます。

盾《たて》豆腐

材料　高野豆腐…3枚、A（だし400mℓ、砂糖・しょうゆ・酒各大さじ1）

作り方　① 高野豆腐は水でもどし、水気をきって4等分に切る。
② Aを合わせて煮立て、1を加え、弱火で20分ほど煮てそのまま冷ます。
③ 金串を熱し、焦げ目を2本つける（模様はp.48の「銘々盛りおせち」参照）。

しいたけ煮

材料　しいたけ…8枚、A（だし200mℓ、砂糖・しょうゆ・酒各大さじ2）

作り方　しいたけは軸を切り落とす。かさを上から見て六角形になるように切る。Aを合わせて煮立て、しいたけを加えて落としぶたをし、煮汁がなくなるまで煮る。

ごぼう煮

材料　ごぼう…1本、A（だし400mℓ、しょうゆ大さじ3、みりん大さじ4、三温糖大さじ1）

作り方　① ごぼうは長さ4cmに切り、中心をくり抜き、酢水（分量外）にさらす。
② Aを合わせて煮立て、1を加えて落としぶたをし、煮汁がなくなるまで煮る。

昆布巻き

材料　日高昆布（水にさっと通して7×15cmに切ったもの）…15枚、ソフト身欠きにしん…2本、かんぴょう…30g、砂糖…100g、酒…100mℓ、しょうゆ…70mℓ

作り方　① ソフト身欠きにしんはそれぞれ縦に2～3本に切り、さらに長さ7～8cmに切る（棒状のにしんを15個作る）。
② 昆布を縦長になるように置き、手前に1のにしんを1本ずつのせて巻く。
③ かんぴょうはぬらして塩（分量外）でもみ、15等分し、2を巻いて結ぶ。
④ 3をひたひたの番茶（分量外）とともに火にかけ、煮立ったら落としぶたをして2～3時間煮る。途中水気が少なくなったら水を足す。砂糖を加え、20分ほど煮て酒としょうゆを加え、さらに1時間30分煮て落としぶたをはずし、煮汁にとろみがつくまで煮詰める。

そのほか

きぬさやは色よくゆでて端を矢のように切る。黒豆（作り方一の重参照）は松葉に刺し金箔を飾る。細工麩は一の重「生麩煮」を参照して煮る。

三の重

盛りつけ手順

角に手綱こんにゃく、昆布巻きを盛り、その間に捻《ねじ》り梅にんじんを並べ、残りの角に海老いも白煮、しいたけ煮を盛る。あいているところに盾豆腐、たけのこ煮、ごぼう煮、くわい蜜煮を盛る。生麩を上に盛り、すきまがあいているところにきぬさやを3枚ずつ重ねて添える。黒豆を上に飾る。

Recipe

※材料は全て作りやすい分量

手綱こんにゃく

材料　こんにゃく…1枚、A（だし200mℓ、みりん大さじ1、砂糖大さじ1、しょうゆ大さじ1½、種を抜いた赤唐辛子½本）

作り方　① こんにゃくは厚さ1cmに切り、中央に縦に切り目を入れて端を切り目に通し、手綱にする。
② Aを合わせて煮立て、1を加えて落としぶたをし、煮汁がなくなるまで煮る。

くわい蜜煮

材料　くわい…5個、クチナシ…1個、砂糖…½カップ、水…100mℓ、塩…少々

作り方　① くわいは皮をむいたり、捻り梅や松笠などの飾り切りにして（p.56参照）水にさらし、水気をきる。クチナシとともに15分ほどゆでる。
② 砂糖、塩、水を合わせて火にかけ、砂糖が溶けたら1のくわいを加え、弱火で5分ほど煮てそのまま冷ます。

海老いも白煮

材料　海老いも…3個、A（だし500mℓ、砂糖30g、みりん40mℓ、薄口しょうゆ20mℓ、塩小さじ1）、かつお節…5g

作り方　① 海老いもは天地を平らに切り、六方にむく（上から見て六角形になるように側面の皮をむく）。米のとぎ汁（分量外）に入れて火にかけ、竹串がスッと通るくらいに柔らかくなったら水にさらし、水気をきる。
② Aを合わせて煮立て、だしパックなどで包んだかつお節、1を加え、弱火で15～20分煮てそのまま冷ます。

捻《ねじ》り梅にんじん

材料　にんじん…1本、A（だし200mℓ、みりん大さじ1、塩小さじ¼、砂糖大さじ1）

作り方　① にんじんは厚さ6mmに切り、梅型で抜いて捻り梅の飾り切りをする（p.56参照）。

てそのまま冷ます。

鶏団子

材料　A（鶏ひき肉200g、卵1個、薄口しょうゆ小さじ2、白みそ大さじ1、砂糖大さじ1）、B（だし400mℓ、薄口しょうゆ大さじ3、砂糖大さじ1、みりん大さじ2、しょうがの薄切り1枚）

作り方　① Aはよく混ぜ合わせる。
② Bを合わせて煮立たせ、1を丸めて加え、火が通るまで煮てそのまま冷ます。

百合根甘煮

材料　白合根…2個、水・砂糖…各200mℓ、塩…少々

作り方　① 百合根は水で洗って根を取り、花の形に切って（p.56参照）水にさらす。水気をきり、蒸し器で10分蒸す。
② 水、砂糖、塩を合わせて火にかけ、砂糖を溶かす。1を加え、弱火で5分煮てそのまま冷ます。

かぶの甘酢漬け

材料　かぶ…2個、A（水・酢各100mℓ、砂糖大さじ3、塩少々）、にんじん（せん切りし1cm長さに切ったもの）…少々

作り方　① かぶは3cm角に切り、底の部分を1mmほど残して格子状に細かく切り目を入れる。竹串2本をかぶの前後に置くと、下まで包丁が入らずに切れる。
② 1とにんじんを、昆布少々を入れた塩水（分量外）につけ、しんなりしたら水気をきる。
③ Aを合わせてひと煮立ちさせ、冷まして2を漬ける。水気をきり、かぶの中央ににんじんを飾る。

金柑蜜煮

材料　金柑…10個、砂糖…150g、水…150mℓ

作り方　① 金柑は皮に切り込みを入れて竹串で種を取り、さっとゆがいて水気をきる。
② 水と砂糖を合わせて火にかけ、砂糖を溶かす。1を加えて紙ぶたをし、弱火で5分煮てそのまま冷ます。

そのほか

スナップえんどうは色よくゆで、斜め半分に切る。黒豆は一の重を参照して作り、松葉に刺し、金箔を添える。細工麩は一の重「生麩煮」を参照して煮る。

奥、中、手前のうち中に目立たせたい料理を盛りつける

お重を奥、中、手前の3段階に区切って考え、なかには目立たせたい料理を盛る。色のきれいな海老のつや煮を盛り、鶏団子、スナップえんどうを盛ったら形の美しい百合根甘煮を盛る。

銘々のおせち料理は
自由な盛りつけで
モダンに仕上げて

一人分ずつ取り分けたおせち料理は、お皿の上に
バランスよく散らして、軽やかなイメージに盛りつけます。

小さなものを
盛りつけていく

赤や黄色など彩りのよいものは、全体のバランスを見て位置を決める。

小さな器に入れて
ふたをあける楽しみを演出

きんとん、なますは器に入れ、ふたをする。ガラスの器はきれいな色の料理を盛ると、透けて見える色も楽しめる。

銀箔は
最後に飾る

つやつやとした黒豆は、少しの量でも全体を引き締める効果がある。場所を決めてから、銀箔を添える。

大きなものから先に
盛りつけはじめる

盛りつけの土台を作る感覚で、先に器や海老いもなどの大きなものを、間隔をあけながら盛る。

使用した器

- 約12×30cmの磁器の平皿
- 直径約5cm、高さ約4cmの磁器のふたつき小鉢(有)
- 直径約5cmのガラスのふたつき豆皿

Recipe

おせち銘々盛り

材料(4人分)

おせち料理の作り方は伊達巻き以外全てp.47～48参照。

伊達巻き…4切、なます・きんとん・錦卵…各適量、海老いも白煮・盾《たて》豆腐・鶏団子・きゅうり(厚さ1cmの輪切りにしたもの)・かぶの甘酢漬け・捻り梅にんじん・くわい蜜煮…各4個、ごぼう煮…12個、海老のつや煮…4尾、かまぼこ(梅型で抜いたもの)・生麸煮(うさぎの細工麸)・黒豆…各8個、きぬさや(ゆでて端を矢のように切ったもの)…12枚、いくら…8粒、銀箔…少々、れんこん甘酢漬け…8枚

※伊達巻きの材料

卵3個、砂糖50g、帆立の貝柱30g、はんぺん30g、みりん大さじ1、塩少々

作り方

① 伊達巻きを作る。全ての材料をフードプロセッサーにかけてなめらかにする。
② 1を天板にのばし、180度のオーブンで20分焼く。
③ 2を熱いうちに鬼すだれで巻き、そのまま冷まして切り分ける。
④ なます、きんとんは器に入れて皿に盛る。錦卵は市松模様に組み合わせて盛る。ごぼう煮は高さに差が出るように斜めに切って盛る。
⑤ 黒豆は松葉を刺す。鶏団子はきゅうりとともにようじに刺す。
⑥ 3、4と海老いも白煮、盾豆腐、5の鶏団子、海老のつや煮、かぶの甘酢漬け、捻り梅にんじん、くわい蜜煮、かまぼこ、生麸煮を器に盛り、きぬさやを3枚ずつまとめて添える。かまぼこにいくらを、黒豆に銀箔を添え、れんこん甘酢漬けを盛る。

お店の技を拝見！

日本料理店「梢」（パーク ハイアット 東京）の盛りつけ

インターナショナルなラグジュアリーホテル、
パーク ハイアット 東京で、開業当初から愛されている「梢《こずえ》」。
本格的な日本料理を貫きながら、
つねに新しさを提供することがコンセプトのこちらのお店は、
盛りつけもオリジナリティに溢れていました。

土物の大皿大鉢に盛りつけます

「梢《こずえ》」の盛りつけは、伝統的な懐石料理のように1人分ずつ盛るのではなく、盛り合わせた料理をお客様が取り分けるスタイルです。これには、お客様同士がふれ合い、空間に動きが生まれることで、より楽しい時間を過ごしていただければ、という想いが。そして、その大皿の中には、日本料理伝統の盛りつけが随所に見られます。

「唐津は料理が盛り栄えするし、飽きがこないので気に入っています」という「梢」の料理長、大江さん。土物の器は温かみがあるので、とくに好んでお店に揃えているそうです。今回は「大鉢を使って一器多用に」というテーマで、唐津焼きの片口鉢を使ったさまざまな盛りつけを提案してもらいました。

「梢」のオープン当初から料理長を務める大江憲一郎さんは、盛りつけの深い知識と技術を持つ。また、新しいものを取り入れる柔軟な感性を併せ持ち、それらは「梢」の料理に存分に生かされている。

八寸

（三方柑釜　鯖すし炙り、玉子カステラ、自家製唐墨、辛子赤蒟蒻、子持昆布、慈姑唐揚げ、蚕豆の艶煮、裏白椎茸オランダ煮）

三方柑は、和歌山県特産のかんきつ類で、「三宝柑」とも。鮮やかな黄色の三方柑釜に多種の料理を盛り込み、食べる人の楽しみを誘うおもてなしの一品。

Recipe

中身をくり抜いた三方柑に懐紙を敷き込み、料理を順に詰めていく。三方柑にふたをして鉢に盛り込み、ひとつはふたをあけて盛る。

鉢の中央に、ふたを取った三方柑釜を盛る。手で持ち、箸で支えながら盛りつける。

造り

（本鮪とろ、ひらめ昆布香押し、車海老、生のり、防風、大根けん、山葵）

器のなかに不等辺三角形を描くことが、大江さんが重視するポイントのひとつ。生のり、大根のけんなどにそれが見られ、絶妙なバランスが生まれている。

Recipe

鉢に氷を敷き詰める。ひらめは昆布にさっとはさみ、風味を移す。本鮪とろ、ひらめ、車海老を順に盛る。生のり、大根けん、山葵《わさび》、防風を添える。

生のりは握って形作り、立てる。山葵や大根のけんも丸く形作るなどオリジナリティ溢れる盛りつけ。

器　中川自然坊作　刷毛目唐津片口鉢

進肴
（骨付き地鶏の水炊き、新筍、聖護院蕪ら、昆布、どんこ、白菜巻き、九条葱、針生姜、木の芽）

「寄せ盛り」という日本料理の盛りつけ方のひとつで、複数の素材を器の中央に山高く寄せて盛る。少し多めにだしをはって器の余白を小さめにとり、温かみをもたせている。

Recipe

昆布を敷き、聖護院蕪ら、骨付き地鶏の水炊き、新筍、どんこ、白菜巻きを中央に寄せて盛り、九条葱を脇に盛る。だしをはり、針生姜、木の芽を添える。

素材ごとにまとめて盛る。お互いに中央で寄り添うように、山高く盛る。

焼物
（さわら西京焼き、青味大根昆布締め）

「杉盛り」という日本料理の盛りつけ方のひとつで、杉の木のように円錐形に盛りつける。器の左右をそれぞれ3割ほど残して、盛りつけの高さを際立たせる。

Recipe

青味大根は軽く塩でもみ、昆布締めにする。さわら西京焼きを鉢に盛り、サッとごま油をふった青味大根を盛る。

さわら西京焼きを中央で少しずつ重ね、杉の木のようにこんもりと山高く盛る。

パーク　ハイアット　東京　梢

「本格的で新しい」をコンセプトに、日本の食材の持ち味を大切にした料理を提供。土物の大皿大鉢を筆頭に、8000点にも及ぶ作家物の器を揃える。大きな窓からは富士山も望め、利用客の目を楽しませている。コースは昼3,900円〜、夜1万3,000円〜。夜は一品料理も有り。

所：東京都新宿区西新宿3-7-1-2
パーク　ハイアット　東京 40階
電：03-5323-3460
営：11：30〜14：30（L.O.14：00）、
17：30〜22：00（L.O.）
休：無

※掲載している料理は、時期と仕入れの状況によりオーダーが可能です。詳しくは電話でお問い合わせください。

盛りつけを華やかにする料理のあしらい

料理に色や香りを与えておいしそうに見せるあしらい。身近な素材も、工夫次第で素敵なあしらいに。盛りつけの仕上げに添えてみましょう。

和食のあしらい

さまざまな料理に香りや彩りを添え、ゆずは冬、桜は春など、季節を感じさせてくれるものが多いのも和のあしらいの特徴です。

- a **ゆず(あられゆず)**…ゆずの皮をあられ切りにする。
- b **ゆず (撥《ばち》ゆず)** …ゆずの皮を三味線のバチの形に切る。
- c **にんじん(よりにんじん)**…切り方下記参照。
- d **大根の葉(わらび)** …切り方下記「矢車の切り方」参照。
- e **にんじん(よりにんじん)**…切り方下記参照。
- f **みょうが (けん)**…せん切りにする。
- g **大根(より大根)** …切り方下記「よりにんじんの切り方」参照。
- h **大根の葉(唐草)**…切り方下記参照。
- i **大根の葉(矢車)**…切り方下記参照。
- j **しょうが(針しょうが)**…ごく細いせん切りにする。
- k **大根(けん)**…せん切りにする。
- l **にんじん(よりにんじん)**…切り方下記参照。
- m **黄菊**…黄菊の花弁をゆでる。
- n **もって菊**…もって菊(紫の菊)の花弁をゆでる。
- o **きゅうり(竹籠きゅうり)**…切り方下記参照。
- p **黒ごま、白ごま**…煮物や椀盛りにふる。指でつぶしながらかけたものをひねりごまという。
- q **ムラメ**…赤しその芽で、しその香りはわずかにする。
- r **花穂じそ**…花の開きかけたしその穂。
- s **桜の花の塩漬け**…桜の花を塩漬けにしたもの。
- t **紅たで**…たでの幼芽で、ピリッとした辛味がある。
- u **赤とさかのり**…海藻。乾燥や塩蔵が売られていることが多い。水でもどしておもに刺身に添える。
- v **芽ねぎ**…ごく細いねぎ。写真は1本の芽ねぎで束を結んでいる。
- w **木の芽**…山椒の芽。山椒の爽やかな香りがあり、煮物や椀物、焼き物など添えるものは幅広い。
- x **しそ**…そのまま使用したり、細かく切って大根おろしに混ぜるなど使い方はさまざま。

竹籠きゅうりの切り方

きゅうりを10㎝ほどの長さに切り、籠の底になる部分を薄く切り取って安定させる。上から半分の高さまで取っ手の切り込みを入れ、取っ手を残して上半分を切り取る。

皮から3～5㎜を残して、薬味が入れられるように中身を切り取る。取っ手の内側も切り取る。

矢車の切り方

大根の葉を5～7㎝に切る。竹串を当て、垂直に細かく端まで切り目を入れる。

縦に3本くらいに切って水につける。切り目を途中までにするとdの「わらび」になる。

唐草の切り方

大根の葉を7～8㎝に切る。竹串を当て、そぎ切りのように細かく端まで斜めに切り目を入れる。

縦に3本くらいに切って水につける。

よりにんじんの切り方

かつらむきにしたにんじんの端を、繊維に対して斜めに切る。その線と平行に、切り目を2本入れる(写真)。切り目を入れなければcやlのよりにんじんになる。

にんじんを平行四辺形に切り取り、水に数分つけて箸に巻きつけて、クセをつける。

洋食のあしらい

洋食は、ハーブやスパイスなど、彩りのよいものを飾ります。野菜も使い方次第でかわいいあしらいに。自由な発想で楽しみましょう。

a **スイートバジル**…トマトとよく合う爽やかな香りのハーブ。
b **パセリ**…房のまま肉料理に添えたり、みじん切りにしてパスタに。
c **ディル**…サーモンとよく合う爽やかな香りのハーブ。
d **ローズマリー**…爽やかな香りの強いハーブ。肉料理によく使われる。
e **セルフィーユ**…甘い香りのハーブ。
f **イタリアンパセリ**…葉が巻いていないパセリ。
g **きゅうり、にんじん、だいこん**…身近な野菜も、くり抜き器で丸くぬくとかわいいあしらいに。
h **シブレット**…あさつきのようなねぎの一種で、細長いシルエットは盛りつけに動きを出す。
i **プチトマト**…カラフルなプチトマトは手軽なあしらいとして使える。
j **ピンクソルト**…ピンク色の岩塩。鉄分を含むため赤く見える。
k **ライム**…切り方下記参照。らせん状の形がユーモラス。
l **ピンクペッパー**…黒こしょうに比べて穏やかな辛味があるスパイス。
m **こしょう**…粗くつぶしたものは、岩塩とともに肉料理などに添える。
n **ミント**…デザートのほか、p.79のリゾットのように濃厚な料理に添えても合う。
o **マイクロトマト**…直径7～8㎜の味が濃いトマト。

ライムの飾り切り

レモンデコレーターでライムの皮を細く切り取っていく。好みの長さ切る。

切り取ったライムの皮を、箸などに巻きつけてクセをつける。

中華のあしらい

中華のあしらいといえば代表的なのが白髪ねぎ。ここで紹介しているもののほか、くこの実も色がかわいく、あしらいに向きます。

a **白髪ねぎ**…ねぎの白い部分をせん切りにし、水にさらす。
b **花椒(ホワジャオ)**…中国の山椒で、独特の辛味と清涼感がある。
c **松の実**…松の種子。ナッツのような風味と歯ざわり。
d **唐辛子**…輪切りやさやなど形はさまざま。辛味を加えるだけでなく、彩りとしても欠かせない。
e **糸唐辛子**…乾燥し細切りにした辛味の少ない唐辛子。

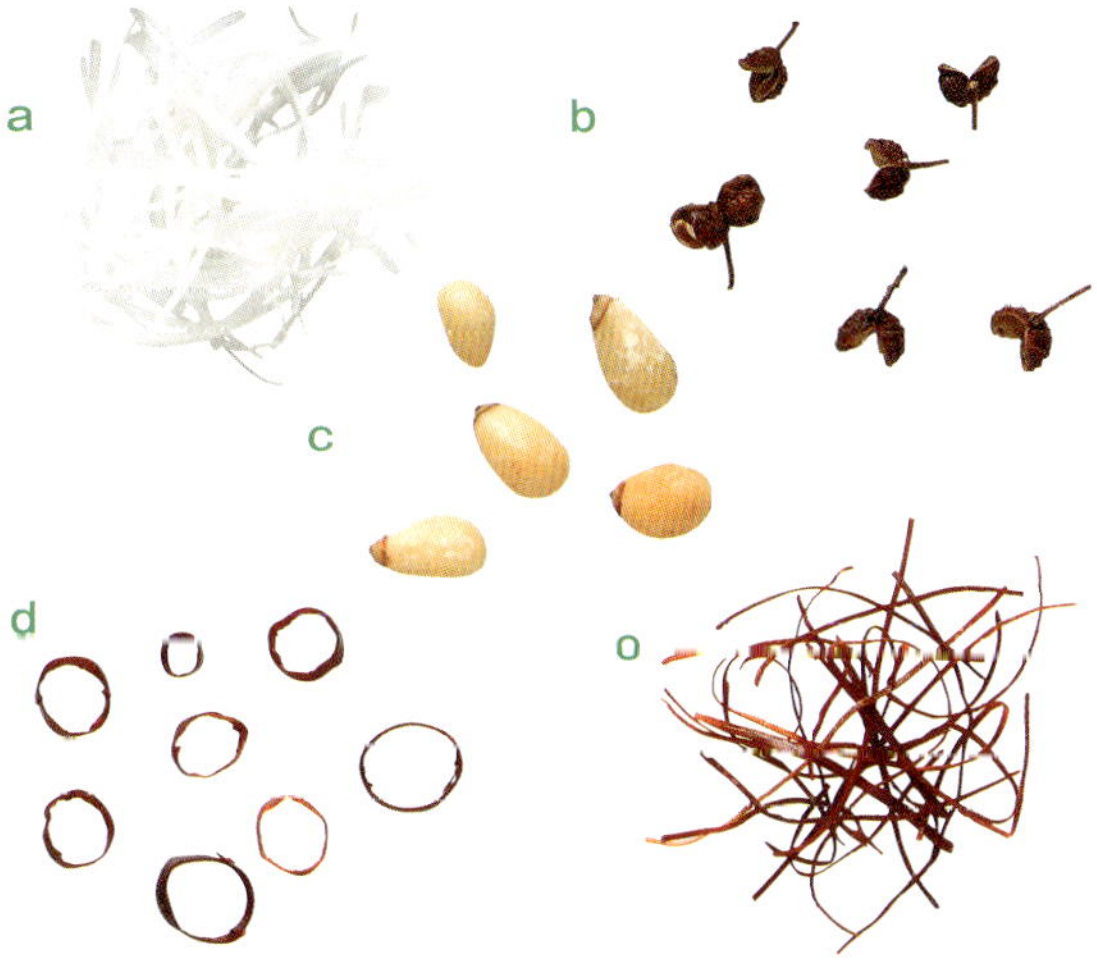

お正月に よく用いられる 飾り切り

お正月料理によく見られる、縁起をかついだ飾り切り。少し手間がかかりますが、おせち料理に入っていると、グッと華やかさが増します。

a **捻《ねじ》り梅くわい**…おめでたい「松竹梅」の梅に見立てたくわい。切り方は捻り梅にんじんと同様。

b **手綱かまぼこ**…駿馬を表し、縁起のよい手綱切り。こんにゃくにも用いられる。切り方下記参照。

c **捻り梅にんじん**…捻り梅くわい同様、「松竹梅」の梅に見立てて。切り方下記参照。

d **松笠くわい**…おめでたい「松竹梅」の松に見立てたくわい。切り方下記参照。

e **ぼたん百合根**…おめでたい食材とされる百合根をぼたん形に。切り方下記参照。

f **組み松葉ゆず**…松に見立てたゆず。椀物にもよく使われる。切り方下記参照。

捻り梅にんじんの切り方

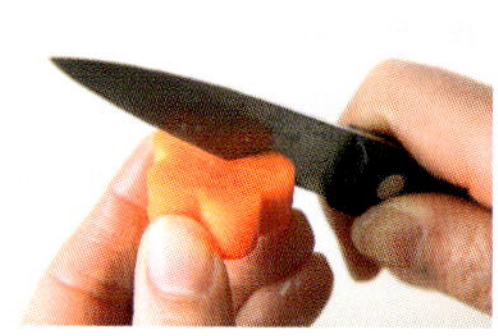

にんじんは梅型で抜き、中心に向けて斜めに5本切り込みを入れる。外側の切り込みの深さは3～5㎜。

隣り合う切り込みの間を斜めに切る。それぞれの花弁の片端は高く、片端は低くなる。

松笠くわいの切り方

くわいは底を平らに切る。底が正六角形になり、側面にも6つ角が出るように、側面の皮をむく。

側面の角に、上から下まで等間隔に、横に切り目をつける。隣合う側面の角の切り目は互い違いにする。

ぼたん百合根の切り方

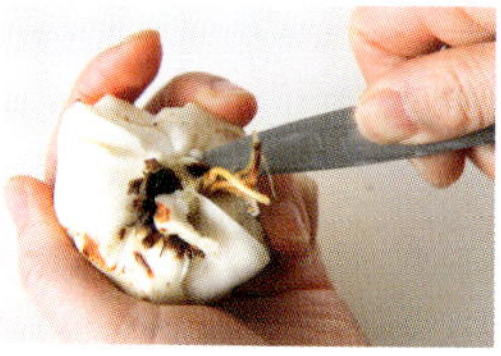

百合根は包丁の先を差し込んで根を取る。

百合根の鱗茎《りんけい》（1枚1枚の片）を、鱗茎のカーブに合わせて丸く切る。外側を短く、内側にいくほど長く残す。

組み松葉ゆずの切り方

ゆずの皮を長方形に切り、交互に1本ずつ切り目を入れる。軽くひねって両端を組む。

手綱かまぼこの切り方

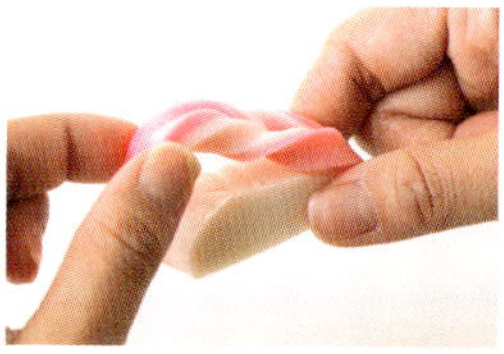

かまぼこは片端を残して丸い部分を5㎜厚さに切り離し、その中央に切り込みを1本入れ、端を切り込みに通して手綱にする。

洋食の盛りつけ

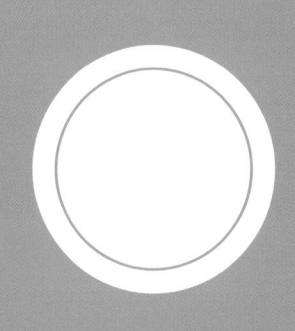

洋食の盛りつけのコツ

和食に比べて、厳密な盛りつけのルールはない洋食。代表的な洋食を例に、きれいに盛りつけるコツを紹介します。

サラダ

葉野菜やトマト、ブロッコリーなど、定番の素材も山高く盛りつけるとおしゃれになります。

Point 1 **彩りのよいものは最後にバランスをみて盛りつける**

トマトなどの赤い野菜は目立つので、ほかの野菜を盛ってから最後にバランスのよい場所に盛ります。

Point 2 **ふんわりと高いシルエットを作る**

和食と同様、洋食もこんもりと山高く盛りつけるとおいしそうに見えます。器の中央に盛るのが基本です。

オクラは立てかけて盛りつけに立体感を出す

ブロッコリーなどで土台を作り、オクラやスナップえんどうなどの細長い野菜を立てかける。

葉野菜は最後にふんわり盛りつける

しんなりしやすい葉野菜は盛りつける直前にドレッシングで和えて、ふんわりと盛る。

Recipe

グリーンサラダ

材料(4人分)

季節の野菜(写真はズッキーニ、ブロッコリー、スナップえんどう、オクラ、そらまめ、さやいんげん、モロッコいんげん、こごみ、ラディッシュ、プチトマト、豆苗、イタリアンパセリ)・好みのドレッシング…各適量、バルサミコ酢(煮詰めてとろみをつけたもの)、バジルソース(p.78「鯛のグリルと夏野菜」作り方2参照…各少々)

作り方

① ズッキーニは厚さ5㎜に切る。ブロッコリーは小房に分ける。

② 1、スナップえんどう、オクラ、そらまめ、さやいんげん、モロッコいんげん、こごみは多めに塩を加えた熱湯で歯ごたえが残るくらいにゆでで、氷水にとり、水気をきって食べやすい大きさに切る。オクラは縦に切るときれいに盛りつけやすい。

③ ラディッシュは薄切りにする。プチトマトはくし形に切る。

④ 豆苗は長さ2～3㎝に切り、ドレッシングで和える。

⑤ 2を器に盛り、4を上にのせる。3を盛り、イタリアンパセリを添える。バルサミコ酢、バジルソースを添える。

ハンバーグ

メイン料理とつけ合わせの、洋食の王道パターンは、つけ合わせの盛りつけに立体感を出すのがポイントです。

Point 1 奥に置く物は高さを出して立体的に

まずハンバーグを盛る位置を決め、ハンバーグより奥は高く、横や手前は低くつけ合わせを盛ると立体的に見えます。

Point 2 余白を残して盛りつける

器の4～5割の余白を残すのが、上品にまとめる基本です。ソースは広げすぎると品がなくなるので気をつけて。

Recipe

材料(4人分)

ハンバーグ　牛こま切れ肉…250g、豚ばら肉…150g、塩…小さじ1強、玉ねぎのみじん切り…150g、卵…1個、パン粉…⅓カップ、牛乳…大さじ5、バター…適量、塩…6g、こしょう・ナツメグ…各少々、サラダ油…適量、エシャロットのみじん切り…20g、ポルト酒…200㎖、バター（ソース用）…50g

つけ合わせ　じゃがいも…2個、にんじん・ズッキーニ…各6㎝、アスパラガス…4本、ロマネスコ…4房、うずらの卵…4個、マイクロトマト…4個、ローズマリー…4本、スプラウト・ベビーリーフ…各少々

【作り方】

① **つけ合わせを作る** じゃがいもはゆでてつぶし、少量の牛乳(分量外)でのばし、ナツメグ少々(分量外)で味を調える。

② にんじん、ズッキーニは厚さ1.5㎝に切る。にんじん、スッキーニ、アスパラガス、ロマネスコを少量の水、バター、塩(全て分量外）で蒸し煮にする。アスパラガスは切る。

③ 湯を沸かして酢(分量外)を加え、うずらの卵を落とし、ポーチドエッグを作る。

④ **ハンバーグを作る** 牛肉、豚肉は形が少し残るくらいに包丁でたたく。玉ねぎはバターで炒め、冷ます。パン粉は牛乳にひたす。

⑤ 4と卵を粘りが出るまで混ぜ、塩、こしょう、ナツメグを加えて混ぜる。4等分して成形する。

⑥ サラダ油を熱し、5を片面焼く。裏返し、そのまま180度のオーブンに入れて15～20分焼く。ハンバーグを取り出し、器に盛る。

⑦ 6の鍋にエシャロットとポルト酒を入れ、鍋の底をこそげながら煮詰め、火を止めてバター（ソース用)を加えて混ぜる。

⑧ 1、2をハンバーグを盛った器に盛り、マイクロトマト、スプラウト、ベビーリーフ、ローズマリーを添える。7のソースをハンバーグにかける。

定番のつけ合わせは積み上げると新鮮に

マッシュポテトはズッキーニと同じくらいの直径のセルクルに詰め、その上に同じセルクルで抜いたにんじんのグリルと、ズッキーニを順に積む。

多めにとった余白にソースで遊び心を加えて

仕上げにソースをかけ、余白にソースをスプーンでたらして竹串で線を引き、模様を描く。

パスタ

パスタは盛りやすい器を選ぶのが盛りつけ上手の近道。
まずはくぼみがありパスタの広がらない器から挑戦してみましょう。

ショートパスタ

Point 1 ショートパスタは深さのある器が盛りつけやすい

まとまりづらいショートパスタは、適度に深さのある器に盛ると、手軽にきれいに見せられます。

Point 2 貝殻つきのアサリは数個だけ残す

アサリのパスタは、全てが殻つきだとごちゃごちゃして見えます。数個だけ残して殻を外します。

Recipe

ボンゴレ

材料(4人分)

コンキリエ…320g、アサリ…40個、プチトマト（厚さ5mmの輪切り）…6個分、にんにくのみじん切り・唐辛子の輪切り…各少々、アンチョビ…4枚、白ワイン…少々、オリーブオイル…適量、香味パン粉(パン粉…¼カップ、にんにく…½かけ、オリーブ油大さじ1、アンチョビ…2枚)…適量

作り方

① 香味パン粉を作る。フライパンににんにくの断面をこすりつけてオリーブ油を敷き、熱する。火を止め、アンチョビを加えてへらで崩しながら混ぜ、パン粉を加える。弱火でパン粉がキツネ色になるまで炒め、キッチンペーパーに取り出して冷ます。

② アサリは砂抜きをし、鍋に入れて白ワインをふり、ふたをして強火にかける。殻が開いたら取り出し、12個を残して殻をむく。アサリから出た汁はとっておく。

③ オリーブ油、にんにくのみじん切り、唐辛子の輪切りを弱火にかけ、香りが立ったらアンチョビを加えてへらで崩しながら炒め、1のアサリの汁少々を加える。

④ コンキリエは塩(分量外）を加えた熱湯でゆで、製品の表示時間の2分前にあげ、3に加えて混ぜる。プチトマト、水適量(分量外)を加え、少し煮てアルデンテにし、2のアサリを全て加えて混ぜる。オリーブ油を加えてざっと混ぜ、器に盛る。香味パン粉を添える。

殻つきのアサリはバランスよく盛りつける

パスタを器に盛ったら、アサリが全て同じ方向を向かないように、バランスよく盛り直す。

パン粉は別添えにするとカリカリ感が長持ち

パン粉は、別添えにして盛りつけ、食べる直前にかけると風味、食感をより楽しめる。

ロングパスタのバリエーション1

Recipe

マスカルポーネとトマトの冷たいパスタ

材料(4人分)

フェデリーニ…100g、マスカルポーネチーズ…120g、牛乳…40㎖、トマトソース(玉ねぎ1個、プチトマト30個、オリーブ油大さじ1、水500㎖)…160g、プチトマト(細いくし形切りにしたもの)…4本、ディル、水菜…少々

作り方

① トマトソースを作る。玉ねぎはみじん切りにする。プチトマトは半分に切る。オリーブ油を弱火で熱して玉ねぎを炒め、プチトマトを加えてさらに炒め、水を加え、30分ほどとろみがつくまで煮込む。冷ましてミキサーにかけ、ピュレ状にして冷やす。

② フェデリーニは塩適量(分量外)を加えた熱湯でゆで、製品の表示時間よりも1分長くゆでて冷水にとり、水気をきる。

③ マスカルポーネチーズに牛乳を加えてのばし、2を加えて和える。

④ 器にトマトソースを敷いて3を盛り、プチトマト、ディル、水菜を添える。

小さなお玉でソースを器に広げる

ソースを広げるには、小さな丸いお玉やスプーンが便利。中央から外に向かって、徐々に広げていく。

Point 1 シンプルな飾りでスタイリッシュに仕上げる

少量の冷製パスタは、いろいろと飾りつけずにシンプルに仕上げるのがおすすめ。色数を抑えるのもポイント。

Point 2 ソースをパスタの下に敷く

色のきれいなピュレ状のソースは、器に敷くといつもと違う雰囲気に。冷製のバジルソースでもおすすめ。

ロングパスタのバリエーション2

Recipe

ジェノベーゼ

材料(4人分)

リングイネ…320g、ジェノバソース(作りやすい分量:バジル30g、松の実50g、にんにく10g、パルミジャーノチーズ50g、オリーブ油100㎖、塩少々)…120g、じゃがいも…2個、さやいんげん…8本、松の実・パルミジャーノチーズ…各適量

作り方

① ジェノバソースを作る。ジェノバソースの材料をミキサーにかけ、ペースト状にする。

② じゃがいもは2㎝の角切りにする。さやいんげんは食べやすい長さに切る。

③ リングイネはじゃがいもとともに塩適量(分量外)を加えた熱湯でゆでる。リングイネがゆで上がる2分前にさやいんげんを加えて全て一緒にゆで上げ、ジェノバソースを加えて和える。器に盛り、松の実を散らしてジェノバソース(分量外)を飾り、パルミジャーノチーズをおろしてふりかける。

Point 1 余白にはソースをあしらう

大きく残る余白に、ソースで模様を描いて楽しみましょう。スプーンでさっとシンプルに描きます。

パスタを割り箸に巻いて盛りつける

割り箸全体にパスタを細長く巻きつけ、崩さないように器にのせ、割り箸を抜く。

Point 2 スクエアの器の対角線上に盛りつける

スクエアの器に盛るときは、こんな盛り方も斬新で映えます。具がいろいろあるとより立体感が出ます。

おなじみの洋食の盛りつけ

つけ合わせをメイン料理の奥に、など、ワンパターンになりがちな洋食の盛りつけ。
毎日の食卓がガラリと変わるアイデアを紹介します。

サーモンフライ

**フライとつけ合わせをランダムに盛るだけで
おもてなし風の盛りつけに**

**タルタルソースは
セルクルに詰めて盛る**

タルタルソースは直径3㎝のセルクルに詰める。鮭と同じくらいの大きさに盛るとバランスをとりやすい。

**フライを盛りつけてから
野菜の位置を決める**

メインのフライを盛り、すきまを埋めるように野菜を盛る。アスパラガスは立たせると印象が変わる。

使用した器

- 約24×24㎝のガラスのプレート（グ）
- 約9×14㎝のガラスのプレート（グ）

Recipe

サーモンフライ

材料(4人分)

生鮭…4切、薄力粉・溶き卵・パン粉(衣用)…各適量、塩・こしょう…各少々、揚げ油…適量、タルタルソース…¾カップ、好みの野菜(写真はアスパラガス、スナップえんどう、枝豆、菜花、こごみ、ロマネスコ、水菜、ベビーリーフ、プチトマト、マイクロトマト)…適量

作り方

① アスパラガス、スナップえんどう、枝豆、菜花、こごみ、ロマネスコは色よくゆでる。アスパラガスは食べやすい長さに切る。スナップえんどうはさやを分けて切る。枝豆はさやから出す。

② 生鮭は3㎝角に切って塩、こしょうし、薄力粉、溶き卵、パン粉を順につけて中温に熱した揚げ油で揚げる。

③ 器にタルタルソースを盛って2、1、水菜、ベビーリーフ、プチトマト、マイクロトマトを盛る。オリーブ油(分量外)を添える。

ひよこ豆カレー

カレーとご飯を別盛りにするだけで新鮮な印象に。彩り野菜もきれい

野菜はグリルして後から添える

カレーの野菜は煮込まず、グリルして添えるときれいな色みを生かせる。立たせるように盛る。

ご飯はナッツやハーブで飾る

ご飯にナッツやハーブを添えると彩りが加わっておいしそうに見える。風味や香りも楽しめる。

ピクルスはピックに刺して盛る

ピクルスはピックに刺して器のふちに添えるとご飯で温まることもなく、おしゃれに盛れる。

Recipe

ひよこ豆カレー

材料（4人分）

乾燥ひよこ豆…200g、玉ねぎ…1個、ベーコン…60g、ビンダルペースト（数種類のスパイスに酢、油脂等を加えた辛味のある調味料）…小さじ1～2、シナモンスティック…2㎝、A（ターメリック小さじ½、クミン大さじ1、コリアンダー大さじ1、黒こしょう少々、しょうが・にんにく各1かけ、ケチャップ大さじ3）、しょうゆ・ソース…各大さじ1、蜂蜜…小さじ2、カレー粉…大さじ1、ガラムマサラ…小さじ½、生クリーム…大さじ2、サラダ油…適量、塩…少々、かぼちゃ・パプリカ・かぶ・ズッキーニ・エリンギ…各4切、ヤングコーン…4本、五穀米・アーモンドスライス・ローズマリー・ピクルス…各適量

作り方

① 乾燥ひよこ豆はたっぷりの水にひと晩つけ、その水ごと火にかけて40分煮る。
② 玉ねぎ、ベーコンはみじん切りにする。サラダ油、ビンダルペースト、シナモンスティックを合わせて弱火にかけ、香りが立ったら玉ねぎを加えて炒める。玉ねぎがあめ色になったらベーコン、Aを順に加えて炒める。
③ 1の豆とゆで汁500㎖（足りなければ水を足す）、しょうゆ、ソース、蜂蜜を加え、トロリとするまで20分ほど煮込む。
④ カレー粉とガラムマサラを加え、仕上げに生クリームを加えて混ぜ、塩で味を調える。
⑤ かぼちゃ、パプリカ、かぶ、ズッキーニ、エリンギ、ヤングコーンはグリルで焼く。
⑥ 五穀米を器に盛り、アーモンドスライス、ローズマリー、ピクルスを添える。
⑦ 4、5を器に盛り、6を添える。

サラダランチ

ワンプレートにサンドイッチ、サラダ、スープを盛りつけてカフェのランチ風に

使用した器

- 約22×22cmの陶器のプレート
- 直径約5cmの陶器のマグカップ
- 直径約5cmのガラスの豆皿（グ）
- 約43×8cmのガラスの足つきプレート（グ）

スプラウトは最後に添える
しんなりしやすいスプラウトは最後に添える。ぺったりとしたベーグルに動きが出る。

大きな野菜から盛りつける
サラダはモロッコいんげんなどの大きな野菜から先に盛る。チコリを器にしてかぶをのせる。

Recipe

材料（4人分）

ベーグルサンド ベーグル…4個、クリームチーズ・スモークサーモン・フリルレタス・スプラウト…各適量

サラダ ベーコン…1 ⅓枚、アンチョビ…2枚、にんにく…少々、オリーブ油…大さじ1、モロッコいんげん…4本、かぶ…1個、チコリ…4枚、ロメインレタス・ラディッシュ（薄切りにしたもの）…各適量、ラディッシュ（葉のついた部分）…4個、プチベール（芽キャベツの一種）…4個、クルトン…適量、マヨネーズ・黒こしょう・パルミジャーノチーズ…各適量

ミネストローネ 白いんげん豆…50g、ベーコン…3枚、玉ねぎ…1個、じゃがいも…1個、にんじん…½本、キャベツ…3枚、セロリ…1本、ホールトマト…200g、カッペリーニ…少々、ローリエ…1枚、オリーブ油・塩・こしょう…各適量、ジェノバソース（p.61「ジェノベーゼ」参照）・パルミジャーノチーズ（好みで）…各少々

つけ合わせ オリーブ・オリーブときのこのオイル煮各適量を小皿に盛る。

作り方

① **ベーグルサンドを作る** ベーグルは半分に切り、クリームチーズ、スモークサーモン、フリルレタスをはさんで紙で包む。サラダ、ミネストローネを盛ってからスプラウトを添える。

② **サラダを作る** ベーコン、アンチョビ、にんにくはみじん切りにし、オリーブ油で炒める。

③ かぶは4等分に切る。モロッコいんげん、かぶはグリルで焼く。

④ 器にベーグルサンドを盛り、モロッコいんげん、ロメインレタス、チコリ、かぶ、プチベール、ラディッシュを盛り、マヨネーズ、黒こしょうを添える。クルトン、2を散らし、パルミジャーノチーズをおろしてふりかける。

⑤ **ミネストローネを作る** 白いんげん豆は水でもどし、ゆでる。ベーコンは細切りにする。玉ねぎ、じゃがいも、にんじん、キャベツ、セロリは1cm角に切る。

⑥ 5のベーコンをオリーブ油で炒め、野菜を加えてよく炒めてホールトマト、水1ℓ（分量外）、ローリエを加え、20分ほど煮込む。

⑦ 塩、こしょうで味を調え、5の白いんげん豆を加える。カッペリーニを適当に折って加え、水分が少なければ足して仕上げ、器に盛り、好みでジェノバソース、パルミジャーノチーズを加える。

サンドイッチ

いつものサンドイッチを小さく切るとアフターヌーンティーのよう

サンドイッチをれんげに盛る

いくつかのサンドイッチはコンポート皿に直接盛らず、れんげにのせてから盛ると盛りつけに立体感が出る。

野菜と一緒にピックで刺す

小さなサンドイッチはピックで刺すと崩れにくい。型抜きした野菜やピクルスを一緒に刺すと彩りがよい。

コンポート皿を重ねて盛りつける

大小のコンポート皿を重ね、少し間隔をあけながらサンドイッチを盛る。間にスプラウトを添える。

Recipe

サンドイッチ

材料(4人分)

スモークサーモンとチーズとレタスのサンドイッチ・卵とハムときゅうりのサンドイッチ・ジャムのサンドイッチ(ジャムのサンドイッチ以外はパンに辛子マヨネーズ適量を塗って具をはさむ)…各1枚、にんじんのピクルス(型で抜いたもの)・きゅうり(型で抜いたもの)・イタリアンパセリ・プチトマトの輪切り・スプラウト…各適量

作り方

① スモークサーモンとチーズとレタスのサンドイッチは2×3cmくらいの台形に切る。

② 卵とハムときゅうりのサンドイッチは2×3cmくらいの長方形に切り、いくつかはにんじんのピクルスやきゅうりと一緒にピックで刺す。

③ ジャムのサンドイッチは3cmの丸型で抜き、イタリアンパセリをのせてピックで刺す。

④ コンポート皿を重ね、1～3を盛り、イタリアンパセリ、プチトマト、スプラウトを添える。

使用した器

- 直径約21cmのガラスのコンポート皿(ス)
- 直径約18cmのガラスのコンポート皿(ス)
- 長さ約10cmのプラスチックのれんげ

チキンソテー

サラダは肉の上に盛り、ソースはまわりにシンプルに添えてスタイリッシュにまとめます

サラダをチキンの上に盛りつける

つけ合わせのサラダはチキンの上にふんわりと盛る。器の奥に盛るよりもモダンに仕上がる。

先の細いスプーンで ソースを添える

ソースはチキンを囲むように添える。先の細いスプーンを使うときれいな線が描きやすい。

Recipe

チキンソテー

材料(4人分)

鶏もも肉…4枚、スナップえんどう(さっとゆでたもの)・ルッコラ・ディル…各適量、トマトビネグレット(トマト50g、白ワインビネガー大さじ1、塩小さじ¼強、ピーナツオイル50g)・バルサミコ酢(煮詰めてとろみをつけたもの)各適量、塩・こしょう・オリーブ油…各少々、黒こしょう(粒をつぶしたもの)・自然塩…各少々

作り方

① トマトビネグレットの材料は合わせてミキサーにかける。

② 鶏肉は塩、こしょうしてオリーブ油で両面焼き、器に盛る。

③ スナップえんどう、ルッコラ、ディルを合わせて塩、こしょう、オリーブ油で和え、2の鶏肉にのせる。

④ トマトビネグレット、バルサミコ酢、黒こしょう、自然塩を添える。

使用した器

◎ 直径約27cmのガラスのプレート(グ)

✿ 約11×14cmのガラスの器(グ)

ホワイトシチュー

深さのある器に盛った具だくさんのシチューは冷めにくく、冬の食卓にぴったり

具を見えやすく引き出す

具が1種類ずつ全て入るように盛りつけ、沈んでいる具は引き出して、位置を整える。

彩りにハーブを添える

具はシチューがからんで白っぽくなるので、生で食べられるハーブを最後に添えて彩りを加える。

Recipe

米粉のホワイトシチュー

材料(5～6人分)

ベシャメルソース(マッシュルーム50g、ベーコン50g、玉ねぎ½個、無塩バター 50g、牛乳500㎖、米粉50g)、鶏もも肉…400g、にんじん…1本、かぶ…3個、じゃがいも…3個、玉ねぎ…1 ½個、モロッコいんげん…1本、マッシュルーム…5～6個、ローリエ…1枚、塩・こしょう…各少々、イタリアンパセリ…少々

作り方

① ベシャメルソースを作る。マッシュルーム、ベーコン、玉ねぎはみじん切りにする。ベーコン、玉ねぎを無塩バターで炒め、マッシュルームを加えてさらに炒め、牛乳の半量を加える。残りの牛乳に米粉を溶かして加え、とろみをつけ、塩、こしょうで味を調える。

② にんじん、かぶ、じゃがいも、玉ねぎ、モロッコいんげんは食べやすい大きさに切る。

③ 鶏肉は食べやすい大きさに切って塩、こしょうし、焦げないように表面を焼く。

④ 3に2、マッシュルームを加えてサッと炒め、水500㎖(分量外)、ローリエを加えてふたをし、20分煮る。

⑤ 野菜が柔らかくなったらゆで汁適量を1に加えてベシャルメルソースをのばす。野菜の入った鍋にベシャメルソースを加えて軽く煮込み、器に盛る。イタリアンパセリを添える。

使用した器

- 直径約6㎝、高さ約8㎝(ふたなしだと6㎝)の陶器のふたつきポット(ミ)
- 直径約26.5㎝の陶器のプレート(チ)
- 直径約29㎝の陶器のプレート(チ)
- 約18.5×8.5㎝のボート形の陶器の器(チ)

おもてなしの洋食の盛りつけ

カラフルな野菜や自由な盛りつけで華やかな演出をしやすい洋食。
気軽な立食料理や、ちょっとかしこまったコース風料理の盛りつけを紹介します。

色とりどりのトマトを
シャープな長方形の器に盛りつけて

いろいろな色や形のトマトを使ったトマトのコンポートは、シンプルな器に盛りつけても存在感が出ます。

ビタミンカラーの飾りつけで
スペイン料理を演出

とよ型で蒸し焼きにしたスパニッシュオムレツは個性的な形が目を引きます。生ハムをはさんだトマトを添えて。

スペイン料理の定番・パエリアは
ボリュームを感じるよう鍋で出して

パエリアは殻つきの魚介を使ってボリューム
を出して。野菜も色の鮮やかなものを選びます。

トマトのコンポート

使用した器

- 約26×8cm、高さ約8cmのガラスのふたつき容器(グ)

生のハーブでフレッシュ感を出す

最後にマイクロトマトとローズマリーを添える。フレッシュなハーブを添えると盛りつけが華やぐ。

トマトは彩りを考えて盛る

漬け汁とトマトを器に盛り、同じ色や形のものは散らすように盛り直す。

Recipe

材料(作りやすい分量)

プチトマト(赤、オレンジ、黄、緑、黒などいろいろな色のもの)…合わせて30個、A(白ワイン250㎖、水200㎖、赤ワインビネガー60㎖、グラニュー糖40g、塩7g、こしょう・コリアンダー各少々、ローリエ1枚)、マイクロトマト…一房、ローズマリー…1枝

作り方

① Aを合わせて煮立て、冷ます。
② プチトマトを湯むきし、1に漬けて冷やす。
③ 2を器に盛り、マイクロトマト、ローズマリーを添える。

じゃがいものテリーヌ

使用した器

- 約25×8cmの磁器のプレート(有)
- 約30×16cmのガラスのプレート(グ)
- 長さ約10cmのれんげ

ケチャップで模様を描く

コルネに入れたケチャップで器いっぱいに小さなを描き、にぎやかさを出す。(コルネの作り方はp.93参照)

トマトに生ハムをはさむ

つけ合わせのプチトマトは、上下に切り間に生ハムなどをはさむと器のようになり、ポップな印象に。

Recipe

材料(12.5×8.5cmのとよ型1個分)

じゃがいも…2個(約200g)+2個、ハム…1枚、バター…20g、溶き卵…2個分、生クリーム…150g+50g、塩・こしょう・ナツメグ…各少々、プチトマト…4個、生ハム…1枚、マイクロトマト・ローズマリーの葉・ケチャップ…各少々

作り方

① じゃがいも2個はオーブンで皮ごと焼いて皮をむいてつぶし、150gをはかる。溶かしたバターを加え、混ぜる。
② 1に溶き卵、生クリーム150gを加えて混ぜ、塩、こしょう、ナツメグで味を調える。
③ じゃがいも2個は3㎜の薄切りにする。鍋に生クリーム50g、ナツメグとともに入れ、弱火にかけてふたをし、15分ほど、じゃがいもの芯が残る程度に蒸し煮する。
④ 3のじゃがいもとハムはとよ型の大きさに切る。とよ型に紙を敷き、2、じゃがいもとハムを交互に入れる。
⑤ 180度のオーブンで、湯煎で40分ほど焼く。
⑥ 型から出して切り分け、器に盛り、マイクロトマトを添える。
⑦ 生ハムは4等分して巻く。プチトマトをそれぞれ2等分にして生ハムをはさみ、器に盛る。
⑧ ローズマリーの葉、ケチャップで器を飾る。

パエリア

使用した器

直径約35㎝の鉄鍋

最初に魚介類を盛りつける

大きなムール貝、アサリ、海老を最初に盛る。かたよらないようにバランスをみながら盛る。

すきまを埋めるように野菜を盛りつける

ピーマン、パプリカ、いかを、殻つきの魚介類のすき間を埋めるように盛る。ご飯が見えないくらいに盛る。

彩りの野菜は最後に盛る

ライム、レモンをすきまに刺すように盛り、プチトマトを赤色が少ないところに盛っていく。

Recipe

材料(5 ～ 6人分)

米…3合、アサリ…250g、ムール貝…10個、海老…10尾、いか（小さいもの）…1杯、ワタリガニ…100g、鶏もも肉…200g、ピーマン…1個、トマト…1個、さやいんげん…5本、パプリカ（赤・黄）…各1/4個、プチトマト…5 ～ 6個、サフラン…3～4本(水少々につける)、白ワイン…大さじ2、昆布…5㎝×10㎝、玉ねぎ…50g、にんにく…1かけ、オリーブオイル…適量、塩…小さじ1弱、ターメリック・こしょう…各少々、レモン・ライム…各適量、イタリアンパセリ…少々

作り方

① いか、鶏肉は食べやすい大きさに切る。ピーマンは輪切りにする。にんにく、玉ねぎはみじん切りにする。トマトはざく切りにする。さやいんげんはゆでて食べやすい長さに切る。パプリカは細切りにする。

② アサリは昆布、水540mℓ（分量外）と合わせて火にかけ、アサリの殻が開いたら昆布、アサリを取り出す。ムール貝は白ワイン大さじ1で蒸し煮にし、殻が開いたら取り出す。アサリ、ムール貝の煮汁は合わせて、540mℓはかっておく（足りなければ水を足す）。

③ 海老はパエリアの材料が全て入るくらいの大きめの鍋に並べて両面焼き、白ワイン大さじ1をふってふたをし、火を止め、5分したら取り出す。

④ 3の鍋にオリーブオイルを熱し、いか、ピーマンを炒め、取り出す。

⑤ 別の鍋にオリーブオイルを熱し、鶏肉、ワタリガニを炒め、にんにく、玉ねぎ、トマトを順に加えて炒める。白ワイン少々（分量外）をふり、2で取っておいた煮汁、サフラン(水ごと)を加える。塩、こしょう、ターメリックで味を調えて弱火で3分煮込む。

⑥ 4の鍋に多めのオリーブオイルを熱し、米を炒めて5を加え、沸騰したらふたをし、弱火で17分加熱し、炊き上げる。

⑦ 2のアサリとムール貝、3の海老、4のいかとピーマン、さやいんげん、パプリカ、プチトマトを盛り、ふたをして5分蒸らす。レモン、ライム、イタリアンパセリを添え、レモン、ライムをしぼっていただく。

夏野菜たっぷりのイタリアン。
華やかな野菜のマリネを宝石のように散りばめて

きれいに切り揃えた野菜のマリネを、白身魚の刺身にかけて。「中には何が？」とワクワクする盛りつけです。

つけ合わせとソースを グリーンでまとめて爽やかに

つけ合わせの野菜は緑のものだけを使って、ソースも緑のバジルソースに。モダンな印象に仕上げます。

チーズはたっぷり、皿のふちまでかけて

リゾットのチーズは皿のふちにかかるくらいたっぷりとかけると、盛りつけも華やかになります。

デザートのケーキは 食べきれなかったらお持ち帰り用に

デコレーションをしないスフレチーズケーキは、セロハンで手軽に包んで、おみやげにもおすすめ。

白身魚のカルパッチョ 色とりどりの野菜とともに

器のふちに模様を描く

マヨネーズをコルネに入れ、点を描いてから線を描いていく。(コルネの作り方はp.93参照)

刺身の上に野菜を敷き詰める

色がかたよらないように注意して、刺身を隠すように野菜を全体に敷き詰める。

使用した器

約12×12㎝のくぼみのある、約24×24㎝のガラスのプレート(グ)

Recipe

材料(4人分)

白身魚の刺身…140ｇ、パプリカ(赤)・パプリカ(黄)・ピーマン・トマト・エシャロット…各20ｇ、ビネグレットソース(下記「鯛のグリルと夏野菜」参照)…大さじ6、塩…少々、ライム・ライムの皮…適量、ベビーリーフ…少々、マヨネーズ・グリーンマヨネーズ(ほうれん草パウダーで着色したもの)…各少々

作り方

① 白身魚の刺身は器に並べる。
② パプリカとピーマンは皮を焦がし、氷水にとって皮をむき、2㎜角に切る。トマトも2㎜角に切る。エシャロットはみじん切りにする。
③ 2を合わせ、ビネグレットソースを加えて混ぜる。
④ 1の刺身に3をかける。ライム、ライムの皮を添える。器のふちをマヨネーズで飾り、ベビーリーフを添える。

鯛のグリルと夏野菜 バジルの香りとともに

スプーンでソースをたらす

魚と野菜を囲むようにソースをたらしていく。先の細いスプーンを使うと点々とたらしやすい。

野菜をまんべんなく盛りつける

野菜は種類ごとにかたまらないように盛りつける。長いものはほかの野菜にななめに立てかける。

使用した器

直径約28.3㎝の磁器のプレート(ミ)

Recipe

材料(4人分)

鯛…4切、アスパラガス、オクラ、さやいんげん…各4本、ズッキーニ…4㎝、スナップえんどう…8枚、枝豆…7～8房、ビネグレットソース(作りやすい分量：塩小さじ½、こしょう少々、白ワインビネガー 50㎖、エシャロットのみじん切り10ｇ、グレープシードオイル120㎖)…適量、バジルソース(作りやすい分量：バジル30ｇ、オリーブ油100㎖)…少々、イタリアンパセリ…適量、塩・こしょう・オリーブ油…各少々

作り方

① ビネグレットソースを作る。グレープシードオイル以外の材料を合わせて泡立て器で混ぜ、オイルを少しずつ加えてそのつどよく混ぜ、とろりとした状態に仕上げる。
② バジルソースを作る。バジルソースの材料を全て合わせてミキサーにかけ、とろりとした状態に仕上げる。
③ アスパラガス、オクラ、さやいんげん、ズッキーニ、スナップえんどうは多めの塩(分量外)を加えた熱湯で色よくゆでて冷水にとり、食べやすい大きさに切る。枝豆も同様にゆでてさやから出す。
④ 鯛は皮目に切り目を入れて塩、こしょうをふり、オリーブオイルをまぶしてグリルで焼く。
⑤ 3をビネグレットソースで和えて器に盛り、4をのせる。バジルソース、イタリアンパセリを添える。

爽やかなミント香る夏野菜のリゾット

使用した器

約27×27cmのガラスのプレート(グ)

チーズをふちまでかける

仕上げのチーズ、こしょうは器のふちにもかけると模様のように見え、盛りつけが映える。

底を軽くたたいて平らにならす

器の底を軽くたたき、リゾットをならす。流れずに平らになるくらいがちょうどよいかたさ。

Recipe

材料(4人分)

米…160g、海老…6～7尾、ズッキーニ…1本、玉ねぎ…50g、ブイヨン(鶏や野菜)…640㎖、バター…10g、パルミジャーノチーズ…50g、オリーブオイル…適量、塩・こしょう…各少々、イタリアンパセリのみじん切り・ミント…各少々

作り方

① 海老は1cm長さに切る。ズッキーニは皮をむき、白い部分は5mm角に、皮は3mm角に切る。玉ねぎはみじん切りにする。

② 玉ねぎをオリーブオイルで炒め、香りが立ったらズッキーニの白い部分を加えて炒める。

③ 米を加えて透き通るまで炒め、ブイヨンを加え、中火で煮る。8分たったところでズッキーニの皮と海老を加えて混ぜ、米の芯が少し残るくらいに加熱する。

④ 火を止めてバター、パルミジャーノチーズを加えて混ぜ、塩、こしょうで味を調え、器に盛る。イタリアンパセリのみじん切りを散らし、ミントを添える。パルミジャーノチーズ適量(分量外)をおろしてふりかける。

スフレフロマージュ

使用した器

約14×9cmのガラスのプレート(グ)

ケーキは2段に重ねて包む

ケーキが薄いので、2枚重ねてボリューム感を出す。セロハンを2枚使い、縦、横に巻いて包む。

Recipe

材料(15cm×15cmの型1個分)

クリームチーズ…250g、サワークリーム…100g、無塩発酵バター…25g、グラニュー糖…80g、コーンスターチ…8g、コンデンスミルク…大さじ2、全卵…1個、卵黄…1個、バニラエッセンス…少々

作り方

① クリームチーズ、無塩発酵バターは室温で柔かくしておく。

② 1、サワークリームを合わせ、泡立て器ですり混ぜる。

③ 2にグラニュー糖、コーンスターチ、コンデンスミルクを順に加えてそのつど混ぜる。

④ 全卵、卵黄、バニラエッセンスを加え、なめらかになったら型に流し、160度のオーブンに入れ湯煎で1時間焼く。

⑤ 5cm角に切り分けて2枚重ね、セロハンで包む。

アミューズ・パーティは少しずつ、食べやすくサーブ

テーブルにたくさんの料理を見栄えよく置くには、高さを出すのがコツ。グラス数個を脚にして大きめのプレートをのせるなど、アイデア次第で気軽に楽しめます。

れんげに盛りつけたサラダは手に取ってそのまま食べられます

思わずパクリと食べたくなる盛りつけのかぼちゃのサラダ。アペリティフはフルーツを添えて提供。

まとめ盛りのピクルスにはピックを刺して

大勢で楽しむパーティのときは、まとめて盛った料理にピックを用意するとスマート。

1人分ずつ分けてサーブしても

小さなアミューズを1人分ずつ盛り合わせても素敵。おもてなしの雰囲気に合わせて使い分けて。

ケーク・サレ、レンズ豆のサラダ、鶏のリエット、まぐろのタルタル、さつまいもと豆のサラダ

形の決まっていない料理はセルクルで盛りつける

まぐろのタルタルは、セルクルに詰めて盛り、隣りに並べるリエットと盛りつけの印象を変える。

ピンクペッパーで彩りを添える

色味のさみしいリエットはピンクペッパーやローズマリーを添えて華やかにする。

使用した器

- 直径約5cmのガラスのふたつき小皿
- 直径約5cmのガラスの豆皿
- 直径約5cmのプラスチックの器(コ)
- 直径約4cm、高さ約7cmのプラスチックの器(コ)
- 幅約42cmのガラスのひな段(グ)

Recipe

ケーク・サレ

材料（5×20㎝のパウンド型1個分）
卵…2個、薄力粉…100g、ベーキングパウダー…小さじ1、オリーブ油…50g、牛乳…50g、パルミジャーノチーズまたはグリュイエルチーズ…50g、塩…小さじ½、グラニュー糖…小さじ1、ベーコン（5㎜角に切ったもの）…50g、玉ねぎのみじん切り・とうもろこし…各50g（炒めておく）

作り方 ① 薄力粉とベーキングパウダーは合わせてふるう。
② ボウルに卵、1、オリーブ油、牛乳、塩、グラニュー糖、チーズ、ベーコン、玉ねぎのみじん切り、とうもろこしの順に加え、そのつど泡立て器で空気が入らないように混ぜる。型に入れ、180度のオーブンで約30分焼く。

レンズ豆のサラダ

材料（作りやすい分量） レンズ豆…60g、トマト…1個、玉ねぎ…½個、ハム…3枚、にんにく…1かけ、ローズマリー…1枝、オリーブ油・白ワインビネガー…各適量、塩・こしょう…各少々、そらまめ(ゆでたもの)・イタリアンパセリ…各少々

作り方 ① レンズ豆はにんにく、ローズマリーとともに20分ほどゆでて水気をきり、オリーブ油、塩、こしょうで和える。
② トマトはみじん切りにし、オリーブオイル、塩、こしょうで和える。
③ 玉ねぎはみじん切りにし、白ワインビネガー、オリーブオイル、塩、こしょうで和える。
④ ハムはみじん切りにする。
⑤ 器に2、1、3、4の順に盛り、そらまめとイタリアンパセリを添える。

鶏のリエット

材料（作りやすい分量） 鶏胸肉…2枚、玉ねぎ…2個、ベーコン…3枚、水またはブイヨン…200㎖、白ワイン…大さじ1、ローリエ…1枚、オリーブ油…100㎖、塩・こしょう…各少々、にんにくチップス・ローズマリー・ピンクペッパー…各少々

作り方 ① 鶏肉はぶつ切りにする。玉ねぎ・ベーコンはみじん切りにする。
② オリーブ油を熱し、玉ねぎを揚げるように炒める。玉ねぎが色づいたら鶏肉、ベーコンを加えて炒め、白ワイン、水またはブイヨン、ローリエを加えて半量になるまで煮詰め、火を止める。
③ 粗熱が取れたらフォークで鶏肉をほぐし、塩、こしょうで味を調えて器に盛る。にんにくチップス、ローズマリー、ピンクペッパーを添える。

まぐろのタルタル

材料（作りやすい分量） まぐろの刺身…250g、玉ねぎのみじん切り…大さじ1、レモン汁…小さじ1、オリーブ油…大さじ2、マヨネーズ…大さじ1、トマト…1個、塩・こしょう…各少々、ディル…少々

作り方 ① まぐろの刺身は細かくたたき、玉ねぎのみじん切り、レモン汁、オリーブ油、マヨネーズを加えて混ぜる。
② トマトはみじん切りにし、オリーブ油適量(分量外)、塩、こしょうで和える。
③ 器に1、2の順に盛り、ディルを添える。

さつまいもと豆のサラダ

材料（作りやすい分量） さつまいも…½本、ミックスビーンズ…50g、粒マスタード・マヨネーズ…各適量、さつまいもチップス…少々

作り方 さつまいもは皮つきのまま1㎝の角切りにして水にさらし、形が崩れないようにゆで、冷ます。さつまいもチップス以外の残りの材料を加えて和える。器に盛り、さつまいもチップスを添える。

ピクルス

Recipe

材料(作りやすい分量)
好みの野菜(写真はベビーキャロット、小玉ねぎ、大根、ヤングコーン、パプリカ、かぶ)…適量、A（白ワインビネガー、白ワイン、水各100㎖、砂糖50g、塩10g、ローリエ1枚、にんにく1かけ、赤唐辛子2本、こしょう少々）

作り方
① ベビーキャロット、小玉ねぎは皮をむく。だいこんは皮をむき、薄切りにする。かぶは皮をむき、食べやすい大きさに切る。パプリカは細切りにする。ベビーキャロット、ヤングコーンはサッとゆでる。
② Aを合わせて煮立て、冷ます。1を漬けて冷蔵庫で冷やし、器に盛る。

使用した器

- 約20×12㎝のガラスの足つきプレート(グ)

ピックを刺して食べやすくする

ピクルスは種類ごとにまとめて盛りつけ、数本ピックを刺してつまみやすいようにする。

グリッシーニ、クレープのファルシ

ラップで巻いたまま切る

ラップで巻いて形を整えたクレープは、ラップを巻いたまま切ると崩れにくい。

きゅうりとスモークサーモンを重ねて巻く

グリッシーニは野菜とスモークサーモンなどを重ねて巻くと色が華やかに。

使用した器

- 約25×5cmの石の足つきプレート
- 直径約5cm、高さ約7cmの陶器の小鉢

Recipe

※材料は全て作りやすい分量

グリッシーニ

材料　グリッシーニ…6本、生ハム…6枚、スモークサーモン…6枚、水菜…3本、きゅうり（縦にスライスしたもの）…3枚、イタリアンパセリ…少々

作り方　①生ハムを2枚縦につなげて置き、水菜とグリッシーニを巻く。3本作る。

② きゅうりを縦に置き、スモークサーモン2枚をのせ、グリッシーニを巻く。3本作る。

③ 1、2をそれぞれ器に盛り、イタリアンパセリを添える。

クレープのファルシ

材料　クレープ〔卵2個、グラニュー糖20g、薄力粉75g、牛乳250mℓ、焦がしバター 24g、サラダ油（あればグレープシードオイル）…適量〕…2枚、クリームチーズ・マヨネーズ・ナッツ（スライス）…各適量、生ハム・アスパラガス・パプリカ…各適量、マイクロトマト・枝豆（ゆでたもの）…少々

作り方　①クレープを作る。卵は溶きほぐし、グラニュー糖、薄力粉、牛乳、焦がしバターの順に加えてそのつど泡立て器で練らないように混ぜる。サラダ油を薄く敷いて熱したフライパンで両面焼く。

② アスパラガスはゆでる。パプリカはみじん切りにする。

③ 1をラップの上に置き、クリームチーズ、マヨネーズを薄くのばし、ナッツを散らす。1枚は生ハムとアスパラガスを芯にして巻く。もう1枚はパプリカを芯にして巻く。それぞれ冷蔵庫で冷やし、切り分けてラップをはずす。器に盛り、マイクロトマト、枝豆を添える。

かぼちゃのサラダ、アペリティフ

かぼちゃのサラダはしぼり袋でしぼる

柔らかいかぼちゃのサラダはそのまま食べられるようにれんげにひと口サイズにしぼり出す。

使用した器

- 長さ約10cmのプラスチックのれんげ（コ）
- 直径約5cm、高さ10cmのグラス（ス）
- 直径約20cmのガラスの脚つきプレート

Recipe

※材料は全て作りやすい分量

かぼちゃのサラダ

材料　かぼちゃ…¼個、マヨネーズ…適量、ローズマリー・松の実…少々

作り方　①かぼちゃはアルミホイルに包み、200度のオーブンで竹串がスッと通るくらいに柔らかくなるまで火を通す。

② 1の皮をむいてつぶし、マヨネーズを加えて混ぜ、なめらかにする。器に盛り、ローズマリー、松の実を添える。

アペリティフ

材料　フランボワーズリキュール・シャンパン・ラズベリー…各適量

作り方　グラスにフランボワーズリキュールを注ぎ、シャンパンを加える。ラズベリーを添える。

重ねたお肉にソースを斜めにかけて
モダンに仕上げたクリスマスのメイン料理

平らな豚肉を重ねて盛り、左が高く、右が低く見えるように
ソースをかけて。アシメトリーがモダン。

サラダをハムでくるんだ かわいらしい前菜

マヨネーズ風味のサラダをゼラチンで固め、ハムで包んでいます。いろいろなサラダに応用できそう。

真っ白なかぶのポタージュに かわいい模様をあしらって

赤と緑のクリスマスカラーで模様を描いたスープ。クルトンを添えて、サクサク感を楽しんで。

フルーツの鮮やかな色が映える ブッシュドノエル

整然と並べたフルーツがスタイリッシュな印象。粉糖は半分だけかけてフルーツの色を生かして。

豚ときのこの煮込み

使用した器

- 約24×24cmのガラスのプレート(グ)

余白にソースを飾る

雲のような模様を描く。スプーンに多めにソースを入れて器にのせ、先をつけながら引く。

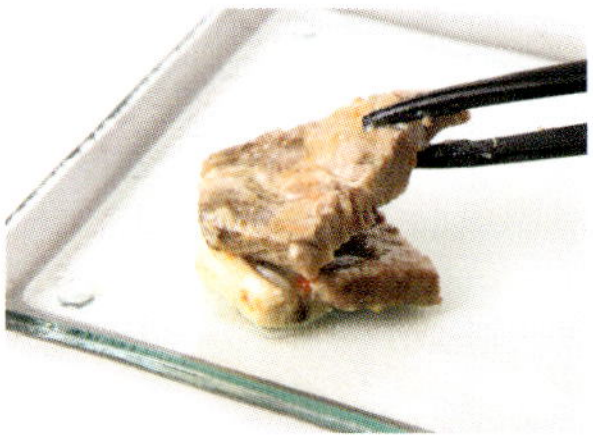

豚肉は重ねて盛る

切り身の肉は、重ねて盛り、高さを出す。さらに具が肉にのるようにソースをかける。

Recipe

材料(4人分)

豚肩ロース肉…80g ×4枚、玉ねぎ…150g、きのこ(好みのもの)…150g、プチトマト…100g、白ワイン…50mℓ、バジルソース(p.78「鯛のグリルと夏野菜」作り方2参照)・バルサミコ酢(煮詰めてとろみをつけたもの)・オリーブ油…各適量、ローズマリー・マイクロトマト…各少々

作り方

① 玉ねぎはみじん切りにする。きのこは食べやすく分ける。

② 玉ねぎをオリーブ油で炒めてきのこ、プチトマトを順に加えて火を通し、豚肉を加えて先に入れた具をかぶせ、白ワインと水100mℓ(分量外)を加えてそのまま180度のオーブンに入れ、1時間煮込む。器に盛り、バジルソース、バルサミコ酢、オリーブオイル、ローズマリー、マイクロトマトを添える。

かぶのポタージュ

使用した器

- 直径約10cmのくぼみがある直径約20cmのガラスの器(グ)
- 直径約27cmのガラスのプレート(グ)

竹串で模様を描く

たらしたケチャップとバジルソースに竹串を当て、そのまま外まで引いて模様を描く。

バジルソース、ケチャップを順にたらす

先の細いスプーンでバジルソース、ケチャップを等間隔にたらしていく。

Recipe

材料(4人分)

かぶ…5個、じゃがいも…1個、ポワロー…1/3本(なければ入れなくてもよい)、玉ねぎ…1/2個、生ハム…2枚、牛乳…300mℓ、生クリーム…50mℓ、牛乳(温めて泡立てたもの)…適量、バター…適量、クルトン・バジルソース(p.78「鯛のグリルと夏野菜」作り方2参照)・ケチャップ・ベーコン(角切り)・ディル・白こしょう…各少々

作り方

① ポワロー、玉ねぎ、生ハムはみじん切りにする。

② 1をバターでゆっくりと炒め、水300mℓ(分量外)、かぶ、じゃがいもを加えて煮る。

③ じゃがいもが柔らかくなったらミキサーにかけ、牛乳、生クリームを加える。器に盛り、泡立てた牛乳をのせ、クルトン、バジルソース、ケチャップ、ベーコン、ディル、白こしょうを添える。

ハムのノエル

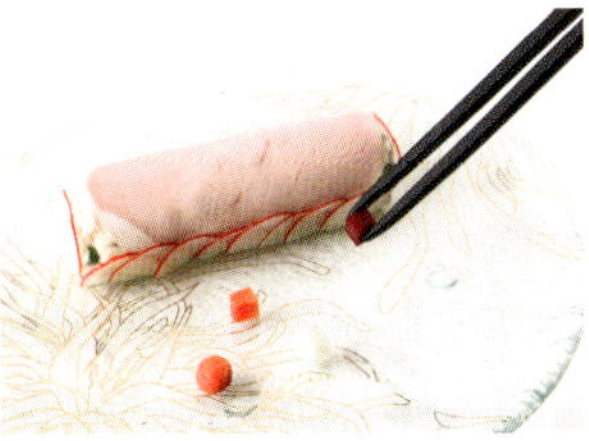

野菜で遊び心を演出する

球状に抜いたり立方体に切った野菜を器の余白にバランスよく飾り、動きを出す。箸休めにもなる。

ラディッシュを側面にはる

ラディッシュなどを薄切りにしてはりつけ、きれいに仕上げる。

使用した器

直径約27cmのガラスのプレート（グ）

Recipe

材料（4人分）

ハム…4枚、A（コンソメスープ100mℓ、塩・ブランデー各少々）、粉ゼラチン…5g、マヨネーズ（作りやすい分量：卵黄1個分、白ワインビネガー小さじ1、マスタード小さじ1、塩小さじ½、こしょう少々、サラダ油200mℓ）、じゃがいも・さやいんげん・かぶ・にんじん…各30g、ラディッシュ…10個、ビーツ・きゅうり・かぶ・にんじん（それぞれ型で抜いたもの）…各少々、イタリアンパセリ・マイクロトマト・ディル・メレンゲ…各少々

作り方

① マヨネーズを作る。サラダ油以外のマヨネーズの材料を合わせて混ぜ、サラダ油を少しずつ加えてそのつど泡立て器で混ぜ、とろりとした状態に仕上げる。60gはかる。

② じゃがいも、さやいんげん、かぶ、にんじんはそれぞれ1cm角に切ってさっとゆで、1を加えて混ぜる。

③ 粉ゼラチンは水大さじ1（分量外）でもどす。Aを温めてゼラチンを加え、溶けたら氷水に当てて粗熱を取り、2に加えて混ぜる。

④ 3を氷水に当てて混ぜながら冷まし、かたくなってきたら4等分してハムにくるむ。ラップで包み、形を整える。

⑤ ラディッシュは薄切りにし、12枚を残して半月切りにする。4のラップを外して器に盛り、半月切りラディッシュを側面に、円形のラディッシュを両端と上にはる。マイクロトマト、イタリアンパセリ、メレンゲを飾り、ビーツ、きゅうり、かぶ、にんじんは器に添える。

ブッシュドノエル ショコラオランジュ

定規などを当てて粉糖をふる

清潔な定規など、まっすぐなものを当ててカバーしながら、ケーキの半分に粉糖をかける。

フルーツとナッツを等間隔に飾る

ブルーベリーとレッドカラントを飾り、間にピスタチオを飾る。等間隔に飾ると切り分けやすい。

使用した器

約40×11cmのガラスのプレート（グ）

Recipe

材料（1本分）

卵黄…4個分、卵白…4個分、グラニュー糖…40g+50g、カカオマス…30g、生クリーム…200g、オレンジジャム…50g、グランマニエ…小さじ2、ブルーベリー・レッドカラント・ブラックベリー・ピスタチオ（みじん切りにしたもの）・粉糖・飾り用チョコレート…各適量

作り方

① カカオマスは湯煎で溶かす。卵黄にグラニュー糖40gを加えて白っぽくなるまで泡立て器でよく混ぜ、カカオマスを混ぜる。

② 卵白にグラニュー糖50gを加えて泡立て、1に3回に分けて加え、泡をつぶさないように混ぜる。

③ 2を天板に流して（30×20cmくらい）180度のオーブンで15分焼き、粗熱を取る。

④ 生クリームにオレンジジャムを加えて泡立てる。

⑤ 3の全面にグランマニエをふり、4をのせて巻く。外側にも4をぬり、器に盛る。

⑥ ブルーベリー、レッドカラント、ピスタチオ、ブラックベリーを飾り、粉糖をふる。飾り用チョコレートを添える。

お店の技を拝見！

フレンチレストラン「ＦＥＵ」の盛りつけ

街中にフランス料理店の少なかった１９８０年より、乃木坂で営業を続ける「ＦＥＵ」（フウ）。六本木や表参道にほど近く、流行に敏感な人々の往来する場所で、つねに時代に合ったフランス料理を提供してきたお店です。どんなふうに新しい盛りつけが生み出されるのか、秘訣を伺いました。

体験するもの全てが盛りつけにつながります

400～500の盛りつけアイデアがつねに頭の中にあるという「FEU」(フウ) のシェフ、松本さん。といっても、それらは未完成で、日常生活で目にしたものが残像のように頭に残っているのだそうです。そして、「これだ!」と思う食材に出会ったときに初めて完成するといいます。

たとえば、90ページの「真夏の夕焼けの入道雲」は、旅先の車窓で眺めた入道雲がモチーフ。あまりに美しいその雲を再現しようと、試行錯誤して理想の泡を作り出すまでに2年を費やし、ようやく完成させた渾身の一品です。そんな松本さんが何よりも大切にしているのが、基本は決して外さない、ということ。揺るぎない古典と、新しさの両方を楽しめる、「FEU」の盛りつけを紹介します。

フランスで6年修行し、銀座の老舗フランス料理店を経て、2006年より「FEU」の料理長を務める松本浩之さん。趣味の山登りで触れる自然や、美術館での美術鑑賞も、創作意欲の源になっている。

真夏の夕焼けの入道雲

旅先で目を奪われた夕焼け雲を再現。光り輝く夕焼けをイメージして、虹のようにさまざまな色を使った器を合わせて。泡は口に入れるとフッと消えてかすかな酸味と香りが残る。

Recipe

桃の角切り入りの、アルザス産ゲヴュルツトラミネール（ワイン）のジュレを器に固めてフォアグラをのせ、桃のスープを注ぐ。ハイビスカスティーを泡立てた泡をのせる。

ふわふわに泡立てたハイビスカスティーの泡を盛り、すぐに客席へ運ぶ。

フランス産鴨胸肉の燻製と黄カブのサラダ 愛嬌ある仕立てで

以前テーマパークで見かけた、キャラクターの形の窓と、黄カブの明るいイメージが結びついて完成した一品。黄カブに出会ったときには喜びが抑えられなかったそう。

Recipe

塩とバターを加えてゆでた黄カブを型で抜き、器に盛る。鴨胸肉の燻製を盛り、紫水菜、エディブルフラワー、タイムを添える。鴨の煮汁、シェリービネガーなどを煮詰めたソースを黄カブに流し入れる。

紫水菜やエディブルフラワーをバランスよく散らし、彩りのアクセントにする。

チョコレートのタルト

フランス菓子の定番のチョコレートタルトを再構築。サブレ、ムースなどと組み合わせて、ひと口でさまざまな食感と味を楽しめるよう、工夫している。

Recipe

プレートにセルクルをのせ、パートサブレを細かく砕いて詰める。チョコレートのムースを盛り、チョコレートソースをかけてテンパリングチョコレートを添え、セルクルを取る。チョコレートソルベ、チョコレートグラニテを盛り、細長いチョコレートの飾りを添える。

セルクルをつけたままチョコレートソースをかけ、セルクルを外すと、ソースの線が途切れ、主張しすぎない仕上がりになる。

仙台牛のグリエと さまざまな人参のグラッセ 色遊び

フレンチの古典的な組み合わせである、牛のグリエと人参のグラッセを、モダンにアレンジ。基本は外さずに盛りつけで遊ぶ、という松本シェフらしさが存分に出た一皿。

Recipe

黄・赤・白・紫・オレンジの人参、菊芋、ベビーキャロットのグラッセ、スライスした人参のドレッシング和えをバランスよく盛り、人参の葉を添える。仙台牛のグリエを中央に盛り、仙台牛の旨みを閉じ込めたソースをかける。

全体の輪郭を考えながら盛る。中央に仙台牛のグリエのスペースをあけておく。

Restaurant FEU

「フランス料理をより気軽に楽しめる店」をコンセプトに、1980年、乃木坂に誕生。古典のフランス料理をベースにしながら、モダンにアレンジされた美しい料理が楽しめる。カウンター席もあり、バーとしての利用も可能。コースは昼3,150円～、夜8,400円～。夜はアラカルトも有り。

所：東京都港区南青山1-26-16
電：03-3479-0230
営：11：30～14：00（L.O.）、18：00～21：30（L.O.）、バーは23：00L.O.
休：日曜、第三月曜（パーティは可）

※掲載している料理は、時期と仕入れの状況によりオーダーが可能です。詳しくは電話でお問い合わせください。

かんたんにできてプロっぽく見せるソースアートテクニック

ソースアートというと、特別な技術が必要に思えますが、そんなことはありません。家庭でも気軽にできるコツを紹介します。

◆バルサミコ酢はとろみをつけて使う

バルサミコ酢を煮詰める

バルサミコ酢は中火にかけ、スプーンですくってツーッとたれるくらいの粘度に煮詰めると線が描きやすい。

竹串で線を引き出す

バルサミコ酢はディスペンサーに入れると使いやすい。点々とたらし、竹串をつけて外に引き出すと模様になる。

少し高めの位置から左右にふるように出してもおしゃれ。左右の幅を少しずつ変えるとバランスがよくなる。

◆先の細いスプーンでソースをたらす

スプーンの先をつけたまま引く

先の細いスプーンを使うとソースを好みの太さにたらしやすい。先をプレートにつけてソースをたらし、スッと引く。

違う色のソースを近くにたらす

違う色のソースを、少し位置をずらしてたらすと動きのあるソースアートになる。

◆コルネで細かな模様を描く

マヨネーズを詰めて模様を描く。コルネでしぼり出すにはマヨネーズくらいの硬さがあるソースが向いている。

コルネを作る

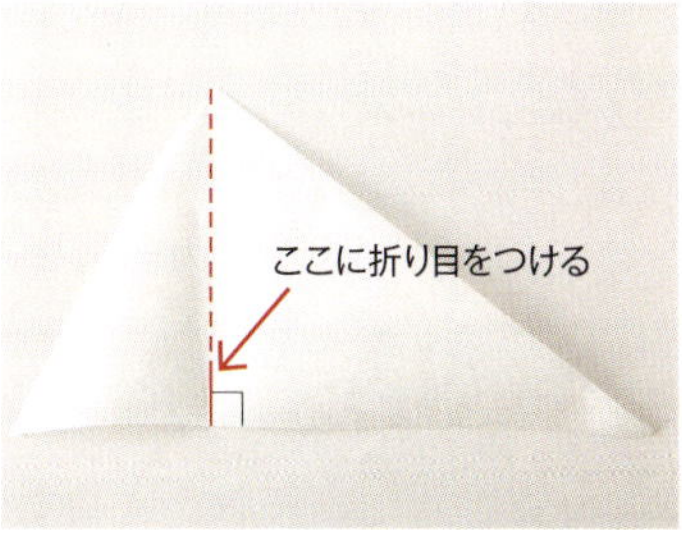

コルネを作る。オーブンシートを三角形に切り、一番長い辺を下にして置き、写真の赤い実線の部分に軽く折り目をつける。

折り目をつけた部分が先端になるように円錐状に巻き、端は内側に折り込む。

◆レードル、コルネ、竹串を使いこなす

Recipe

アングレーズソース

牛乳80gにバニラ3cmを入れて沸騰直前まで温め火から下ろす。卵黄1個とグラニュー糖20gを混ぜて、温めた牛乳を少しずつ注いで混ぜる。鍋に入れて木べらで混ぜながら火にかけ、なべ底がやや見えるくらいまでとろみがついたらすぐにこし、氷水に当てて冷やす。

お玉の底でソースを広げる

お玉（丸いレードル）でアングレーズソースを流し、底を当て、中心から外に渦巻状になぞって広げる。

コルネで点や線を描く

コルネに詰めたアングレーズソースとフランボワーズソースで模様を描く。ゆっくりとしぼり出すのがコツ。

竹串で千鳥格子を描く

広げたアングレーズソースにコルネでフランボワーズソースを線状にしぼり、竹串を当てて最初に縦、次に横に引く。

竹串でハートを描く

同様に、コルネでフランボワーズソースを点々と絞り、点を横断するように竹串を引くとハートの模様になる。

練乳でお手軽アート

適度に粘度のある練乳は、ソースアートをしやすい素材。チューブからしぼり出すだけできれいな線が描けます。急なお客様が来て、フルーツしかない、などというときにも助かります。

中華の盛りつけ

中華の盛りつけのコツ

中華といえば、豪快な大皿盛り。クラシックな盛りつけをお手本に、中華料理らしく盛りつけるコツを紹介します。

Point 1 **大皿に円形に盛りつける**

円卓を囲んで食事をする文化のある中国。大皿に、円形に盛るのが盛りつけスタイルのひとつ。

Point 2 **野菜で飾りを作る**

野菜で花や鶏などを作り、飾ることの多い中華料理。葉を巻くだけなら手軽に挑戦できます。

チンゲン菜のあんかけ

中国料理の盛りつけスタイルのひとつ、円形の盛りつけ。どの角度から見ても同じように盛るのがポイントです。

茎を少しずつ重ねながら円にする

茎の先を中央に向けて、少しずつ重ねながら1枚ずつ盛っていく。

葉を中央で巻いて飾りつける

箸や細いトングを軸にして、チンゲン菜の葉を巻きつけていく。花のように、丸く仕上げる。

Recipe

チンゲン菜の干し海老あんかけ

材料(5 ～ 6人分)

チンゲン菜…250 ～ 300g、干し海老…20g、にんにくのみじん切り・唐辛子…各少々、A (干し海老の戻し汁100㎖、砂糖小さじ1、塩小さじ⅓、ごま油小さじ1、こしょう少々)、太白ごま油(またはサラダ油)・ごま油・水溶き片栗粉…各適量、糸唐辛子…少々

作り方

① 干し海老は水100㎖強(分量外) でもどす。チンゲン菜は1枚ずつ切り分け、葉と茎に分けておく。

② 水600㎖、塩小さじ½、砂糖小さじ½(全て分量外) を合わせて沸かし、チンゲン菜の茎を入れる。15秒たったらチンゲン菜の葉も加えて40秒ゆでる。

③ 多めの太白ごま油を弱火にかけ、1の干し海老、にんにくのみじん切り、唐辛子を炒める。香りが立ったらAを合わせて加え、水溶き片栗粉でとろみをつける。香りづけにごま油をたらす。

④ 2を器に盛り、3をかける。糸唐辛子を添える。

一尾魚の蒸し物

大きな魚をまるごと調理し、豪快に盛りつけます。
器の余白はあまり残さず、迫力ある印象に仕上げて。

Point 1 白髪ねぎを魚のまわりに盛る

魚や肉に、白髪ねぎや揚げた春雨などをあしらうことが多い中華料理。たっぷり盛ります。

Point 2 一尾魚を盛りつける

豪快な盛りつけが中華料理の特徴のひとつ。一尾の魚を大皿に盛って提供します。

Recipe

蒸し鯛のあんかけ

材料(3～4人分)

鯛…1尾、ハム・たけのこ・しいたけ・しょうがの薄切り(5×3㎝くらいに切ったもの)…各3枚、紹興酒…少々、A(紹興酒・薄口しょうゆ各大さじ2、砂糖小さじ2、酢・ごま油各小さじ1、水200㎖)、水溶き片栗粉…適量、ピーナツオイル…大さじ2、白髪ねぎ…1本分、わけぎ(ゆでたもの)…1本

作り方

① 鯛はうろこを取り、水で洗い、水気をよく取る。
② ハム・たけのこ・しいたけ・しょうがの薄切りは重ねて並べ、鯛にのせて紹興酒をふり、15分蒸す。
③ Aを合わせて煮立たせ、水溶き片栗粉でとろみをつける。
④ 2を器に盛り、ピーナツオイルを熱してかける。全体に3をかけ、白髪ねぎを盛り、わけぎを結んで添える。

取り分けるときは、皮ごと身を崩さないように取り、白髪ねぎを上にふんわりと添えるときれい。

白髪ねぎをふんわり盛る

白髪ねぎをふんわりと均等に盛る。手前や奥にまとめずに、魚を囲むように盛るのがオーソドックスな盛り方。

あんは全体にたっぷりかける

あんを魚全体にかかるようにたっぷりとかける。この場合は、器の余白を多めにとるとさびしく見えてしまう。

おなじみの中華の盛りつけ

食卓にのぼることの多い中華の定番料理で、すぐに実践できる盛りつけをふたつずつ紹介します。

◆麻婆豆腐

アツアツが食べられる石鍋に盛りつけて提供

石鍋に入れて温め、グツグツ煮立った状態でお客様に出して。ハフハフしながら食べれば会話も盛り上がります。

使用した器

- 直径約15cmの石鍋
- 直径約9cm×高さ約6.7cmの磁器のティーカップ（ミ）

アジア風のティーカップに上品に盛りつけて

スプーンで食べる麻婆豆腐は、ティーカップに盛りつけても自然。取り分け皿として使っても。

カップの内側をふく

小さな器に盛るときは器の内側にあんがつきやすい。キッチンペーパーでふき取る。

◆海老チリ

海老チリの色が映える レタスの器盛り

丸いレタスは器にぴったり。チャーハンや炒めものなどを、いつもと違った盛りつけにしたいときにもおすすめ。

揚げた春雨を添える

レタスの中に海老チリ1人分を入れて、サクサクに揚げた春雨を添える。

海老せんに海老チリを盛って 手軽なおつまみ風

器のように使うのに丁度よい大きさの海老せん。サッとつまんで、海老せんごと食べられます。

白髪ねぎを添える

器に海老せんをのせて海老チリを盛り、白髪ねぎを添える。

使用した器

- ◎約15×15cmの磁器のプレート
- ✿直径約7cmの磁器のふた（ア）
- ◎約10cm×60cmガラスのプレート（ス）

Recipe

海老チリ

材料（4人分）

海老…150g、A（塩・こしょう・酒各少々、卵白¼個分、片栗粉大さじ1、サラダ油大さじ½）、長ねぎ…½本、にんにくのみじん切り・しょうがのみじん切り…各少々、豆板醤…大さじ½、紹興酒…大さじ1、ケチャップ…大さじ2、砂糖小さじ1、鶏のスープ…100㎖、サラダ油…適量、レタス・海老せん・揚げた春雨・白髪ねぎ…各適量

作り方

① 海老はAを順番にもみこみ、冷蔵庫で30分なじませる。低温に熱したサラダ油で5秒ほど油通しする。

② にんにくのみじん切り、しょうがのみじん切りを多めのサラダ油で炒め、豆板醤、紹興酒、ケチャップを加えて炒める。砂糖、鶏のスープを加えて煮込み、つやが出てきたら1を加えて煮込む。上記を参照して器に盛る。

麻婆豆腐

材料（4人分）

豚ひき肉…200g、豆腐…400～600g、長ねぎ・にんにく・しょうが（みじん切りにしたもの）…各大さじ1、A（豆板醤・豆鼓醤各大さじ1）、B（しょうゆ・砂糖各大さじ1）、鶏のスープ…400㎖、紹興酒…少々、水溶き片栗粉・ごま油…各適量、花山椒…少々

作り方

① ごま油を熱して豚ひき肉を炒め、長ねぎ、にんにく、しょうがを加えて香りが立ったらAを加え、炒める。紹興酒を加えて鶏のスープを注ぎ、少し煮る。Bで味を調え、2cm角に切った豆腐を加える。水溶き片栗粉でとろみをつける。

③ 器に盛り、ごま油、花山椒をふり、好みで白髪ねぎや長ねぎのみじん切り、糸唐辛子（全て分量外）を添える。

バンバンジー

具ごとに並べた取り分けやすい大皿盛り

棒状に切ることの多いバンバンジーのきゅうりを、薄切りにして変化をつけて。端から順に取り分けて。

きゅうりをたたんで重ねる
スライスしたきゅうりをふんわりとたたんで重ね、ボリューム感を出す。

れんげに盛りつけて洋食のアミューズ風に

きゅうりをトッピングのように添えて1人分ずつサーブ。洋食のような、モダンな印象になります。

きゅうりをせん切りにして添える
れんげに鶏肉とくらげを盛り、短めのせん切りにしたきゅうりを添える。

使用した器

- 約31×31cmのガラスのプレート(グ)
- 長さ約14cmのガラスのれんげ(グ)
- 約30×10×0.6cmの石のプレート(R)
- 直径約6cm、高さ約4cmのガラスの脚つき小皿(ス)

Recipe

材料(4人分)
鶏ささみ肉…3～4本、塩蔵くらげ…200g、きゅうり…2本、A(砂糖大さじ½、酢小さじ1、ごま油・しょうゆ各大さじ1)、B(白練りごま80g、グレープシードオイル・酢各大さじ1、しょうゆ大さじ2、砂糖大さじ1、ラー油大さじ1、こしょう少々)、長ねぎのみじん切り…½本分、しょうがのみじん切り・にんにくのみじん切り…各1かけ分、香菜・黒ごま・唐辛子の輪切り(好みで)…各適量

作り方
① 鶏肉は肉たたきでたたき、厚さ5mmにする。
② 昆布少々、しょうがの薄切り2～3枚、ねぎの青い部分、ささみがかぶるくらいの水(全て分量外)を合わせて沸かし、1を入れて火を消し、ふたをしてそのまま冷ます。鶏肉の水気をきって食べやすい大きさに裂く。
③ 塩蔵くらげは塩を洗い流し、1時間水にさらす。さっと水洗いして鍋に入れ、かぶるくらいの水を加えて火にかける。沸騰直前でくらげを取り出し、さっと水洗いしてキッチンペーパーでしっかり水気を取る。Aを合わせ、くらげにもみこむ。
④ きゅうりは食べやすい大きさにする。
⑤ Bを順に合わせて泡立て器で混ぜ、長ねぎ、しょうが、にんにくのみじん切りを加える。
⑥ 2、3、4を器に盛り、好みで香菜、黒ごま、唐辛子の輪切りを添え、5をつけていただく。

◆白菜ときゅうりの甘酢漬け

ガラスのお椀に1人分ずつ盛りつける

色々な切り方をした甘酢漬けを盛り合わせて。中心を抜いたきゅうりを目立つところに盛りましょう。

小さめの白菜は底に敷く

小さめに切った白菜を敷いて土台にし、中心を抜いたきゅうりをその上にのせるように盛る。

使用した器

- 約31×19cmの磁器のプレート（ミ）
- 直径約8cmのガラスのお椀
- 約30.2×30.2cmの磁器のプレート（ミ）

仕切りのあるプレートにいろいろな盛りつけを

切り方が違うものごとに分けて盛りつけると、同じ料理なのにバラエティ感が出ます。

交互に向きを変える

輪切りのきゅうりは断面を交互に見せて盛る。隣り合うきゅうりは向きを変えるようにする。

細切りのきゅうりは端を揃えて一列盛り、半分くらい重ねて同様に2回盛る。

Recipe

材料（4人分）

白菜（白い部分）…⅛株分、きゅうり…5本、長ねぎ…½本、しょうが…1かけ、唐辛子…2本、A（砂糖120g、酢200g、ごま油大さじ4）

作り方

① 白菜は食べやすい長さに揃えて切り(半端なものも大きさを揃えて切る)、塩小さじ1強（分量外）をもみこむ。きゅうりは厚さ1.5cmの輪切りと長さ5cmの細切りにして種の柔らかい部分を取り除き、塩小さじ1（分量外）をもみこむ。それぞれ重石をし、水が出たらしぼる。

② 長ねぎはせん切り、しょうがは薄切り、唐辛子は輪切りにして1にのせる。

③ Aを合わせて熱し、2にかける。冷蔵庫でひと晩冷やす。

おもてなしの中華の盛りつけ

大人数でワイワイ食べるのが楽しい中華料理。人気の点心、コース風料理、鍋料理を華やかに盛りつけて、ゲストに楽しんでもらいましょう。

具を別盛りにして作る楽しさを演出

シンプルな蒸しパン割包(グワパオ) は、具を別盛りにして、好みではさんでもらいましょう。

あしらいにひと工夫して
おなじみの点心をおもてなし風に

色の地味な水餃子や大根餅も、野菜の飾り切りなどを添えるだけで華やかに変身します。

ピックを刺したスイーツには、
もうひとつ、と手が伸びます

後を引くおいしさのごま団子。ひとつずつピックを刺して、気軽につまんでもらいましょう。

割包(グワパオ)

使用した器

- 約17×42cmの磁器のプレート(N)
- 直径約11.5cmのせいろ(池)
- 直径約5cmのガラスの豆皿

きゅうりと長ねぎは端を揃える

細切りにした野菜は端を揃えるときれい。形を整えて器に盛り、最後にカードで端を揃える。

割包は高さを出して盛る

割包は立てるようにして盛る。割包がはみ出すくらいの大きさの器に盛るとバランスがよい。

Recipe

材料(作りやすい分量)

割包 薄力粉・強力粉…各125g、ベーキングパウダー…小さじ1、ドライイースト…3g、砂糖…35g、塩…小さじ½、ぬるま湯…125㎖、ラード…10g

牛肉のみそ炒め 牛もも肉150g、A(塩・こしょう各少々、酒大さじ1、溶き卵½個分、片栗粉大さじ1、ベーキングパウダー小さじ¼、サラダ油小さじ1)、B(甜麺醤大さじ1、しょうゆ小さじ1、砂糖小さじ½、水大さじ1)、にんにくのみじん切り・しょうがのみじん切り…各少々、酒・ごま油・ごま…各少々

そのほか きゅうりの細切り・長ねぎの細切り…各適量、甜麺醤…適量

作り方

① **割包を作る** 薄力粉、強力粉、ベーキングパウダー、ドライイースト、砂糖、塩を合わせてふるい、ぬるま湯を加えて混ぜ、よく練る。なめらかになったらラードを加えて10分ほど練ってまとめ、30度で20～40分発酵させる。

② 1を10等分し、それぞれ平たく楕円にのばして半分にたたみ、さらに30～40分発酵させる。強火で15分蒸す。

③ **牛肉のみそ炒めを作る** 牛肉はAを順に加えてもみ、低温に熱した揚げ油(分量外)で30秒揚げる。

④ Bは合わせておく。にんにく、しょうがをごま油で炒め、3を加えて酒をふり、Bを加えて混ぜ、香りづけにごま油をふる。

⑤ 2,4,きゅうりと長ねぎの細切りを器に盛り、牛肉のみそ炒めにごまをふる。甜麺醤は小さな器に入れて添える。割包に好みの具をはさみ、甜麺醤をつけていただく。

ごま団子

使用した器

- 直径約8cmのガラスの小皿(ス)

ごま団子にピックを刺す

小皿に盛ったごま団子にピックを刺す。長いピックを刺すとモダンな印象に。

Recipe

材料(4人分)

白玉粉…75g、米粉…20g、砂糖…30g、ラード…5g、こしあん…100g、黒練りごま…大さじ1、白ごま・黒ごま・揚げ油…各適量

作り方

① 白玉粉、米粉、砂糖は合わせる。水75㎖(分量外)を少しずつ加えて練り、なめらかになったらラードを加えて練り、8等分して丸める。

② こしあんと黒練りごまを混ぜ、8等分して丸める(柔らかい場合は冷凍庫に入れてかたくすると包みやすい)。

③ 1で2を包み、4つは丸く、残りの4つは立方体に成形する。少しぬらし、白ごま・黒ごまをつける。

④ 低温に熱した揚げ油で7～8分揚げ、粗熱を取って器に盛る。

大根餅

仕上げにごまをふる

ごまを指でつぶしながらふる。ただふるだけよりも香りがよくなり、味わいも増す。

白髪ねぎの形を整える

白髪ねぎと糸唐辛子は手の平の上で形を整えてから盛る。きれいに均一の量が盛れる。

使用した器

約20×40㎝のガラスの仕切りつきプレート(グ)

Recipe

材料(4人分)

干し海老…20g、大根…180g、サラミソーセージ50g、米粉…150g、浮き粉…40g、塩…小さじ¼、砂糖…大さじ½、こしょう…少々、白ごま・ねぎ油(長ねぎを熱して香りをつけた油)…各適量、白髪ねぎ・糸唐辛子・香菜の葉…各少々

作り方

① 干し海老は水でもどし、水気をきる。もどし汁は水(分量外)を足して200㎖にする。大根はせん切りにする。サラミソーセージはみじん切りにする。

② 米粉、浮き粉は合わせ、水200㎖(分量外)を加えて混ぜる。

③ ねぎ油を熱して1の大根、サラミソーセージ、干し海老を炒め、しんなりしたら干し海老のもどし汁、塩、砂糖、こしょうを加えて5分ほど煮る。

④ 3を熱いうちに2に汁ごと加え、混ぜる。

⑤ バットにねぎ油を薄く敷き、4を厚さ1㎝にのばし、白ごまごまをふって50分蒸す。

⑥ 5を食べやすい大きさに切り分けてねぎ油で両面焼き、器に盛る。白髪ねぎ、糸唐辛子を混ぜてのせ、香菜の葉を添える。

水餃子

チンゲン菜を端に添える

チンゲン菜の茎を添えると白い餃子に薄い緑が映える。花飾りを添える感覚で、端に添える。

チンゲン菜を蓮の花の形に切る

チンゲン菜の茎を、外側から剣先のように切っていく。外側を短く、内側を少し長くする。真ん中は短く切って完成。

使用した器

直径約26㎝の磁器の鉢(箕)

Recipe

材料(4人分)

豚ひき肉…150g、海老…50g、しそ…10枚、長ねぎ…⅓本、乾燥きくらげ…5g、砂糖…小さじ1、しょうゆ…大さじ½、こしょう…少々、梅しょうゆ(梅干し1個、しょうがのすりおろし少々、しょうゆ大さじ2、砂糖・酢各大さじ1)、餃子の皮…8枚、チンゲン菜の茎(飾り切りにする)…1株分

作り方

① 梅しょうゆを作る。梅干しはたたき、しょうがのすりおろし、しょうゆ、砂糖、酢を加えて混ぜる。

② 乾燥きくらげは水でもどす。きくらげ、しそ、長ねぎはみじん切りにする。海老は包丁でたたく。

③ 豚ひき肉に2、砂糖、しょうゆ、こしょうを加えて混ぜる。

④ 3を餃子の皮に包み、ゆでて冷水にとる。チンゲン菜の茎もゆで、冷水にとる。器に氷水をはって餃子を盛り、チンゲン菜を添える。1の梅しょうゆをつけていただく。

コースの最初は
小さな器にいろいろなものを

いろいろな料理を盛るときは、小皿に盛ってお盆にのせると手軽にメリハリのある盛りつけになります。

せいろに入れると中華の気分が一気に盛り上がります

蓮の葉に包んだご飯はそれだけで中華風。せいろに入れるとさらに本格中華の雰囲気に。

ふたつきの容器を使ってスープを温かく

とろみをつけたスープは、生クリームを浮かべるとおしゃれです。つぶした黒こしょうもアクセント。

前菜5種

揃えて盛りつけたきゅうりににんじんを添える

きゅうりは端を揃えて盛ってごまをふり、型抜きしたにんじんを添える。

せん切りのきゅうりを添える

きゅうりはささみやザーサイと混ぜずに、上に小高く盛る。混ぜるよりも彩りが美しい。

おこげを立てるように刺す

おこげをとろとろピータン卵蒸しに刺して高さを出す。食感の違うものを添えると箸休めになる。

使用した器

- 長さ約12cmの磁器のれんげ(N)
- 約20×20cmのガラスのプレート(ツ)
- 直径約5cmの磁器の小鉢(有)
- 直径約5cmの磁器の小鉢ふた(有)
- 幅約30cmの半月盆(グ)

Recipe

材料(4人分)

ささみとザーサイの和え物 鶏ささみ肉…2本、ザーサイ・きゅうり・長ねぎ…各30g、しょうがのすりおろし…少々、ごま油…少々、黒ごま…少々

鶏チャーシュー 鶏もも肉…250g、A(紹興酒・しょうゆ・砂糖・酢各大さじ1、五香粉少々)、サラダ油…少々

とろとろピータン卵蒸し 卵…1個、ピータン…1個、鶏のスープ(鶏ささみのゆで汁)…150㎖、塩…小さじ⅓、生クリーム…25㎖、おこげ…少々

甘海老の風味漬け 甘海老…8尾、A(しょうゆ大さじ2、紹興酒大さじ⅔、砂糖小さじ1、しょうがのみじん切り・にんにくのみじん切り・唐辛子…各少々)、三つ葉…少々

甘酢きゅうり きゅうり…2本、にんじん(型で抜いてゆでたもの)…8枚、A(酢・砂糖各大さじ3、ごま油大さじ1)、白ごま…少々

作り方

① **ささみとザーサイの和え物を作る** 鍋に水適量(分量外)と長ねぎの青い部分(分量外)、しょうがのすりおろしを入れて沸かし、鶏肉を入れて火を止め、ふたをしてそのまま冷ます。鶏肉を取り出し、細かく裂く。汁少々をとっておく。

② ザーサイ、きゅうりは短いせん切りにする。長ねぎは白髪ねぎにする。

③ 2のザーサイ、白髪ねぎ、1の鶏肉を合わせて1の汁とごま油で味を調え、器に盛って2のきゅうりを添え、黒ごまをふる。

④ **鶏チャーシューを作る** 鍋にサラダ油を敷いて熱し、鶏肉の表面を焼きつける。A、長ねぎの青い部分適量(分量外)を加えてふたをし、弱火で20分煮る。

⑤ 鶏肉を取り出して薄く切り、器に盛る。

⑥ **とろとろピータン卵蒸しを作る** ピータンと鶏のスープはフードプロセッサーにかけて混ぜる。

⑦ 6、卵、塩、生クリームを合わせて卵のこしを切るように混ぜ、器に入れ強火で1分蒸して弱火にし、5分蒸す。おこげを刺す。

⑧ **甘海老の風味漬けを作る** Aを合わせて甘海老を3分ほど漬ける。器に盛り、三つ葉を結んで添える。

⑨ **甘酢きゅうりを作る** きゅうりは縦半分に切り、柔らかい種の部分を取って長さ4cmの棒状に切る。塩少々(分量外)をふり、10分ほど置いて水気をしぼる。

⑩ Aを合わせてひと煮立ちさせ、9、にんじんを30分ほど漬ける。器に盛り、白ごまをふる。

蓮の葉ご飯

使用した器

直径約30㎝のせいろ(池)

切り目を入れる

温めた蓮の葉ご飯の葉に、斜めに切り目を入れて広げ、中身を見せる。

蓮の葉にご飯をのせる

蓮の葉を広げ、中央にご飯をのせて形を整え、いり卵をのせる。

手前、左右、奥の順に折る

手前、左右、奥の順にたたんでいき、端は手前にできた葉のすき間に折り込む。

Recipe

材料(4人分)

蓮の葉(乾燥)…2枚、米…1合、A(しょうゆ大さじ½、塩小さじ⅙、水+干し海老の戻し汁150㎖)、チャーシュー…35g、干し海老…10g、紹興酒…少々、干し貝柱…10g、干ししいたけ…1枚、れんこん…2㎝、くわい…10個、しょうがのみじん切り…少々、サラダ油…適量、B(しょうゆ・紹興酒・砂糖各大さじ½、ごま油大さじ¼)、いり卵(卵2個、砂糖大さじ1、塩小さじ⅙)

作り方

① 蓮の葉は水にくぐらせ、ぬるま湯につけてしんなりしたら熱湯に2分つけて消毒し、1枚を4等分にする。

② 干し海老は洗って紹興酒を加えた水でもどし、みじん切りにする。戻し汁はとっておく。

③ 干し貝柱は水でもどしてほぐす。干ししいたけは水でもどしてみじん切りにする。チャーシュー、れんこん、くわいは1㎝角に切る。

④ しょうがのみじん切りをサラダ油で炒め、香りが立ったら2の干し海老、3を加えて炒め、Bを加える。

⑤ いり卵を作る。いり卵の材料を全て鍋に入れ、菜箸3本を使って混ぜながら弱火にかけ、細かく仕上げる。

⑥ 米はAで炊き、4を加えて混ぜる。蓮の葉にいり卵とともにのせて包み、温める程度に蒸して器に盛る。

コーンスープ

使用した器

直径約10㎝のお椀(有)

生クリームをたらす

生クリームを口の細い容器に入れて点々とたらす。スプーンを使っても。

Recipe

材料(4人分)

豆腐…¼丁、クリームコーン…200g、鶏のスープ…160㎖、紹興酒…大さじ2、卵白…1個分、エバミルク…大さじ1、塩・こしょう・ごま油…各少々、水溶き片栗粉…適量、生クリーム・長ねぎのせん切り・黒こしょう(つぶしたもの)…各少々

作り方

① 豆腐はひし形に切る。

② クリームコーンと鶏のスープは合わせる。紹興酒とともに鍋に入れて煮立て、塩、こしょうで味を調え、水溶き片栗粉でとろみをつける。

③ 卵白にエバミルクを加えて混ぜ、2に加えてさっと混ぜる。1を加えて温め、火を止めて香りづけにごま油を回し入れ、器に盛る。生クリームをたらし、長ねぎのせん切り、黒こしょうを添える。

具ごとに串に刺して
大鉢に盛り合わせ、
鍋料理をグッとモダンに

平皿に盛りがちな鍋の具を、鉢に盛るとそれだけでいつもと違う雰囲気に。人数が多いときは銘々に盛りつけるのもおすすめ。

火鍋子（ホーコーズ）

使用した器

- 直径約29㎝、高さ約13㎝の陶器の鉢（箕）
- 直径約16㎝の陶器の台皿（箕）
- 直径約6㎝の磁器のふたつき容器
- 直径約4㎝のガラスのふたつき小皿
- 直径約35㎝の銅鍋

肉団子を串に刺す

肉団子を3つずつ串に刺す。少し中心をずらして動きが出るように刺す。

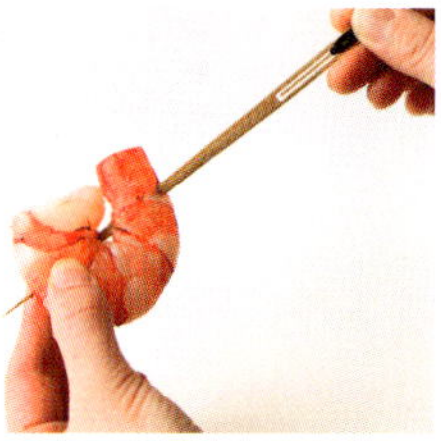

海老を串に刺す

海老を1尾ずつ串に刺す。海老の頭側と尾側を近づけて、丸くなるように刺す。

大きな野菜を先に盛りつける

空心菜の芽、白菜など大きな野菜を最初に器に立てかけるように盛り、全体の土台にする。

細長い野菜を盛りつける

万能ねぎを土台にしている野菜の端に立てかける。細長い野菜が入ると、盛りつけがしまる。

しいたけを盛りつける

高さのないしいたけは土台にしている野菜の手前にまとめて盛る。十字に切り目を入れておくときれい。

串を刺した具を盛りつける

鍋のメインになる肉団子や海老を一番手前に盛る。串の向きをバランスよく整える。

Recipe

材料（4人分）

具（大鉢） 海老…4尾、肉団子（作りやすい分量：豚ひき肉200g、片栗粉小さじ1、塩小さじ½、しょうゆ小さじ1、水大さじ3、長ねぎのみじん切り大さじ3）、白菜……200g、空心菜の芽…100g、万能ねぎ…4株、しいたけ…4個、

具（銘々） 鶏団子（材料上記参照）・うずらの卵の水煮・しいたけ・たけのこ・白菜・チンゲン菜・万能ねぎ…各適量

スープ 鶏がらスープ…800mℓ、塩…小さじ1、紹興酒…大さじ2

ラー油 A（ピーナツオイル100mℓ、にんにくのみじん切り20g、しょうがのみじん切り20g、長ねぎのみじん切り10cm分）、B（唐辛子のみじん切り…10g、白いりごま…10g、アーモンドダイス…20g、フライドオニオン…10g、ごま油…50mℓ、しょうゆ…10g、砂糖…小さじ1）

作り方

① ラー油を作る。Aを合わせて中火にかけ、ゆっくりと香りを出しながら野菜の水分を飛ばす。Bを加えて1分ほど加熱し、冷ます。

② 具の準備をする。空心菜の芽は根を切り落とす。しいたけは軸を切り取り、かさに十字に切り目を入れる。白菜はそぎ切りにする。海老はさっとゆでて串に刺す。肉団子の材料を合わせてよく混ぜ、2cm大に丸めてさっとゆで、串に刺す。それぞれ器に盛る。銘々の具も器に盛る。

③ 鍋にスープの材料を入れて温め、2を入れて火が通ったらラー油をつけていただく。

大きな野菜を最初に置く

銘々の小皿に盛るときも、白菜などの大きな野菜を最初に置いて土台にする。丸い具はピックを刺すとかわいい。

最後に万能ねぎを添える

手前に小さな具がくるように盛り、最後に万能ねぎを立てるように添える。

全体のバランスを見る

全体を見て、万能ねぎやピックの角度を整える。ピックの方向は少しバラバラのほうがにぎやかな雰囲気になる。

ラー油はふたつきの器に入れて提供すると、あけるときの楽しみがプラスされる。写真は、カラフルな容器にガラスのふたつきの器を入れ子にしている。

C'est Très Bon

かわいく盛りつけ・ラッピングして

楽しいポットラック・パーティ

p.80 ～ 83 で紹介しているアミューズは、ラッピングしてそのまま持ち寄るのにもぴったり。
かわいく詰め合わせた料理を持ち寄って、
気の合う友人と楽しい時間をすごしてみてはいかがですか？

リエットは小さめの器に詰めて持ち運びしやすく

ガラスの器に鶏のリエット（レシピp.82参照）を詰め、ハーブを添えました。1個ずつセロハンの袋に包みます。

リエットにガーリックチップス、ローズマリー、ピンクペッパーを添える。

使用した器

✿ 約7×4㎝、高さ6㎝のガラスの器

ポットに好みのシールをはるとお店で買ったピクルスみたい

ピクルス（レシピp.82参照）は透明なポットに詰めます。シールをはると、オリジナルブランドの気分を楽しめます。

使用した器

✿ 直径約12×高さ約9㎝のアクリルのポット

パンやシャンパンと詰め合わせればギフトボックスの完成

箱にラッピング用の紙のクッションなどを詰めて、パンとシャンパンを奥に、手前に鶏のリエットを詰めます。

麻紐の結び目の近くにローズマリーを差し込む。

ハーブをあしらったケーク・サレはカントリー風の印象

ケーク・サレ（レシピp.82参照）をセロハンシートで包み、麻のひもを十字にかけます。仕上げにローズマリーを添えて。

器に合わせて盛りつける

そばちょこに盛る

そばちょこを、そばのためだけに使うのはもったいない。小鉢や、湯飲みなどさまざまな使い方ができるアイテムです。

使用した器

- 直径約5cmの磁器のそばちょこ(有)

茶碗蒸しやプリンの器としてデイリーに使って

耐熱性のそばちょこなら、蒸し器にかける茶碗蒸しやプリンの器にしても。茶碗蒸しは野菜入りのあんをかけると華やかに。

Recipe

材料(4人分)

A(卵…1個、だし…150㎖、薄口しょうゆ…小さじ1)、B(だし200㎖、薄口しょうゆ小さじ1、塩小さじ¼、酒少々)、好みの野菜(2㎜角に切る)…少々、水溶き葛…適量、ゆず…少々

作り方

① Aを合わせてよく混ぜ、こす。器に流し入れて強火で2分蒸し、弱火にし、蒸し器のふたを少しあけて10分蒸す。

② Bを合わせて煮立て、野菜を加えて火が通ったら水溶き葛でとろみをつける。

③ 1に2を入れ、ゆずの皮をおろしてふる。

仕上げに野菜入りのあんをかける

野菜を細かい角切りにしてあんに加えると、茶碗蒸しが洋風の料理にも見える。

ときには湯飲みにして お茶の時間も楽しく

そばちょこはお茶を入れるにも丁度よいサイズです。お気に入りのそばちょこで、ホッとひと息。

プレーンと紫いものいもようかんを正方形に切って組み合わせ、市松模様に。お茶、いもようかん・生クリーム・プチフール（好みのもの）を添えて。

小腹がすいたときに ひと口サイズの料理を盛っても

お酒のあとやおやつタイムに、ちょこっとつまめるものを入れるのにもそばちょこはぴったり。

レシピ…p.105「水餃子」参照

ふたつきの器に盛る

おせんべいなどのお菓子に使われることが多い、ふたつきの大きめの器。おかずを入れたり、入れ子にしたりと、自由な発想で使ってみましょう。

使用した器

直径約25cmの陶器のふたつきの器（島）

レシピ…p.27「筑前煮」参照

ハランを敷いて大鉢風に盛りつけても素敵

ふたを外して鉢のように使えば、普段の食卓にも活用できます。

素材ごとにまとめて盛る

にんじん、れんこんなど、素材ごとにまとめて盛りつけるとおもてなし風になる。

小鉢を入れ子にして箱のように使って

おもてなしの趣向のひとつとして。お客様の目の前でふたをあけて、器ごと取ってもらうようひと言添えて。

Recipe

菜の花のおひたし

材料(4人分)

菜花…6本、にんじん(飾り切りしてだしじょうゆで煮含めたもの)…適量、だし・薄口しょうゆ・みりん…各適量、ゆで卵の黄身、木の芽…各少々

作り方

① だしに薄口しょうゆ、みりんを加えて吸い物より少し濃いめの漬け地を作る。菜花を色よくゆでて漬け地にひたす。

② 器に1を盛ってにんじんを添え、ふたつきの器に入れる。にんじんを盛り、ゆで卵の黄身を裏ごして添える。木の芽を添える。

小さなお重に盛る

小さなお重は、お弁当を盛るのはもちろん、毎日のおかずを盛るのにも大活躍します。

お重の王道の使い方、松花堂弁当

ご飯、刺身、蒸し野菜、揚げ物をそれぞれ盛りつけて。籠や小皿を入れ子にすると盛りつけが映えます。

使用した器

約8×8㎝のお重

Recipe

松花堂弁当

材料(4人分)

左上 A（うるい…4本、オクラ…4本、れんこん…4切、かぼちゃ…12切、こごみ…4個)、海老…4尾、ほたるいか(目、口、骨を取ったもの)…100ｇ、B（酒50㎖、白みそ・信州みそ各50g、おろししょうが小さじ2、みりん40㎖)、三色団子(白と、蓬粉、赤の色粉を混ぜた白玉の3色)…4本

右上 C〔桜の葉の塩漬け（塩を抜いたもの）4枚、アスパラガスの穂先4本、海老4尾、そらまめ8個〕、薄力粉・卵白・新挽き粉・揚げ油…各適量

右下 鯛の刺身…8切、昆布…適量、桜の葉の塩漬け(塩を抜いたもの)…4枚、塩…少々

左下 すし飯…1.5合分、海老(頭や殻を取ったもの)…200ｇ、A（だし100㎖、みりん大さじ1、酒50㎖、砂糖大さじ2、塩小さじ1)、ゆで卵の黄身(裏ごしたもの)…適量、赤の色粉(水で溶いたもの)…少々

作り方

① **左上のお重を作る** Aは蒸す。海老はゆでる。

② ほたるいかはフードプロセッサーにかけてミンチにし、鍋に入れてBを加え、弱火にかけて3分ほど練る。器に入れ、お重に1、三色団子とともに盛る。

③ **右上のお重を作る** Cにそれぞれ薄力粉、卵白、新挽き粉を順につけて高温に熱した揚げ油で揚げ、籠を入れたお重に盛る。

④ **右下のお重を作る** 鯛の刺身に塩をふり、20分おいて水気をふく。昆布ではさみ、重石をして冷蔵庫で2時間おく。桜の葉の塩漬で包み、貝殻にのせてお重に盛る。

⑤ **左下のお重を作る** 海老は刻み、Aと合わせていり、フードプロセッサーにかけて細かくする。

⑥ すし飯に5と色粉を加えて混ぜ、型に詰めて取り出す。お重に盛り、ゆで卵の黄身を添える。

海老は目立つところに盛る

赤い色がきれいな海老は、目立つところに盛る。緑色のもののそばに盛るとさらに映える。

ゆで卵の黄身で花を完成させる

梅形に抜いたごはんの中央に、裏ごしたゆで卵の黄身を添えて本物の花のように仕上げる。

器ごとのいろいろな盛りつけを楽しむ

お重ごとに盛りつけを変えると、同じちらし寿司でも表情に変化が。模様を描くように盛りましょう。

小鉢風に使って、トマトのコンポートを盛っても

小さめのお重なら、お惣菜を盛っても素敵。これなら気軽に毎日使えます。

レシピ…p.74「トマトのコンポート」参照

市松模様のように盛る

でんぶ、錦糸卵、しらす、れんこんの甘酢漬けをご飯の¼ずつに盛り、市松模様のようにする。

木の芽は仕上げに添える

木の芽はしんなりしやすいので、盛りつけの最後に添える。

Recipe

ちらし寿司

材料(4人分)

すし飯…適量、A［錦糸卵・しらす・でんぶ・れんこん甘酢漬け(p.46「二の重」参照)・菜の花のおひたし(p.121参照)・いくら・そらまめ(塩ゆでしたもの)…各適量、にんじん・大根(それぞれ型で抜いてゆでたもの)・木の芽・桜の花の塩漬け(塩を抜いたもの)…各少々］

作り方

お重にすし飯を盛る。それぞれに好みでAの具を盛る。

籠に盛る

今回使用したのは中国茶器を入れる籠。茶器に料理を盛ったり、籠のみを利用したりと、アイデア次第で使い方は何通りも。

使用した器

- 直径約13cmの籠
- 約4.5×4.5×3.5cmのガラスの器(ス)
- 直径約5cmの磁器の茶碗
- 直系約10cmの磁器の小皿

Recipe

生春巻き

材料(4人分)

ライスペーパー…4枚、具(ゆでた海老4尾、サニーレタス1枚、にんじんのみじん切り3cm分、きゅうりのせん切り$\frac{1}{2}$本分、あさつき1～2本、しそ8枚、ミント少々)、ソース(マヨネーズとスイートチリソースを2：1の割合で混ぜたもの)…適量、あさつき・香菜…各少々

作り方

① キッチンペーパー(厚手のもの)を水でぬらし、しぼって広げる。50度くらいの湯にライスペーパーをくぐらせ、全体がしっとりしたら取り出してぬらしたキッチンペーパーにのせる。乾かないように上にもぬらしたキッチンペーパーをのせ、5分ほどおいてもどす。

② 上にのせたキッチンペーパーを取り、具をのせて巻き、食べやすい大きさに切る。あさつきを刺して籠に盛り、香菜、ソースを添える。

生春巻きを立てて盛りつける

生春巻きにあさつきを刺し、立てて盛る。あさつきで高さが出て、おいしそうに見える。

中国茶器の籠は、アジアの料理と相性がぴったり

生春巻きを盛りつけると、アジアンダイニングの前菜風に。点心を盛りつけても。

Recipe

杏仁豆腐

材料(作りやすい分量)

牛乳…200㎖、A(杏仁霜10g、砂糖20g、水100㎖)、粉ゼラチン…2.5g、いちご(2㎜角に切ったもの)…適量、B(砂糖20g、水60g)、レモン汁…大さじ1

作り方

① 粉ゼラチンは水大さじ1(分量外)にふり入れてふやかす。Aを合わせて混ぜながら火にかけ、のり状になったら火を止める。ゼラチンを加えて溶かし、牛乳を少しずつ加えて混ぜる。

② 茶碗に1を注いで冷蔵庫で冷やし固める。

③ Bを合わせて火にかけ、砂糖が溶けたら火を止めてレモン汁を加える。冷蔵庫で冷やす。

④ 2にいちごを添え、好みで3をかけていただく。

角切りにしたいちごを添える

茶器が小さいのでいちごも小さく、2㎜角に切って添える。清潔なピンセットを使うと便利。

茶器を使ってかわいらしいプチデザートを

小さな中国茶器に杏仁豆腐を入れて。ドライフルーツなどのお茶請けを盛っても。

リムの広い器に盛る

ハードルが高そうに感じるリム（ふち）の広い器は実は気軽に盛りつけを遊べるアイテム。リムに料理を置いたり、スパイスをふったりと、いろいろチャレンジしてみてください。

つけ合わせの野菜をリムにあしらう

リムをプレートのように使って、料理のつけ合わせを盛って。つけ合わせは大きさを揃えるのがポイント。

使用した器

✿ 直径約10㎝のくぼみがある直径約35㎝の磁器の器

Recipe

ローストビーフ

材料(4人分)

牛もも肉…200g、塩・こしょう…各適量、サラダ油…少々、つけ合わせ［スナップえんどう・オクラ・ロマネスコ（それぞれゆでたもの）、プチトマト］…各適量、イタリアンパセリ…少々、わさびじょうゆまたはぽん酢…適量

作り方

① 牛肉は塩、こしょうして30分置き、サラダ油を熱したフライパンで表面に焼き色をつけ、アルミホイルに包んで70度のオーブンで90分加熱する。

② 1を冷まして薄く切り、器に盛る。つけ合わせを盛り、イタリアンパセリを添える。わさびじょうゆまたはぽん酢をつけていただく。

リムに野菜を盛りつける

リムにつけ合わせの野菜を等間隔に盛りつける。同じ色が続かないようにするときれい。

肉はまとめて盛りつける

薄切りにした肉はまな板の上できれいに重ね、形を作ってそのまま器に盛る。

パスタの具を置くとワンポイントに

具を1個リムに置くだけで、料理全体に存在感が出ます。長い具を刺して、高さを出すのもポイント。

ベーコンで高さを出す

ベーコンを刺して、平らになりやすいパスタに高さを出す。

Recipe

かぶのクリームパスタ

材料(4人分)

フィットチーネ(生)…150g、かぶ・玉ねぎ…各1個、ベーコン…50g、牛乳…100mℓ、生クリーム…50g、パルミジャーノチーズ…20g、バター…適量、塩・こしょう・オリーブ油…各少々、ベーコン(グリルでカリカリに焼いたもの)…4本

作り方

① かぶは食べやすい大きさに切り、4切はグリルで焼き目をつける。玉ねぎは薄切りにする。ベーコンはみじん切りにしてバターで炒め、脂が出てきたら玉ねぎを加え、弱火で玉ねぎが透明になるまで炒める。

② かぶを加えて軽く炒め合わせ、牛乳を加えてふたをし、かぶが柔らかくなったら生クリーム、パルミジャーノチーズ、塩、こしょうで味を調える。ゆでたフィットチーネを加えて器に盛り、カリカリに焼いたベーコン、焼き目をつけたかぶ、オリーブ油を添える。

仕上げにシナモンをふる

かぼちゃと相性のよいシナモンをリムにふりかけて香りづけに。

Recipe

かぼちゃのスープ

材料(4人分)

かぼちゃ…450g、玉ねぎ…100g、にんじん…50g、鶏のブイヨン…300mℓ、牛乳…100mℓ、生クリーム…30mℓ、バター…20g、塩・こしょう…各少々、泡立てた牛乳…適量、グリッシーニ(生ハムを巻きディルを添えたもの)…4本、かぼちゃ(角切りにしてゆでたもの)・シナモン…各少々

作り方

① かぼちゃは3～4等分して皮をむき、わたを取ってひと口大に切る。玉ねぎ、にんじんはせん切りにする。

② 鍋にバターを溶かして玉ねぎとにんじんを炒め、かぼちゃと鶏のブイヨンを加えて野菜が煮崩れるまで煮る。野菜をつぶし、生クリーム、牛乳を加えて好みの濃度にし、ミキサーにかけて塩、こしょうで味を調える。

③ 2を器に注ぎ、泡立てた牛乳をのせ、ゆでたかぼちゃを添える。残った2を少量煮詰め、コルネに詰めてリムにしぼる(コルネの作り方はp.93参照)。シナモンをふりかけ、グリッシーニを添える。

細長いグリッシーニをリムに渡して
丸い器に細長いグリッシーニをのせるだけで、盛りつけがグッとしまります。

背の高いグラスに盛る

お客様がたくさん来る機会があるなら、揃えておくと便利なのが背の高いグラス。少量ずつ、いろいろな料理を盛るのに活躍します。

使用した器

直径約3.8㎝×高さ約10.5㎝のグラス（池）

Recipe

塩キャラメルプリン

材料（4人分）

卵黄…2個、牛乳…100g、生クリーム（乳脂肪分45%のもの）…50g、グラニュー糖…大さじ1、バニラビーンズ…3㎝、A（グラニュー糖50g、水25㎖）、塩（あればゲランドの塩）…ひとつまみ、フルーツ（好みのもの）…適量

作り方

① 牛乳にバニラビーンズを入れて沸騰直前まで温める。

② 卵黄にグラニュー糖を加えてすり混ぜ、1の牛乳と生クリームを順に加えて混ぜ、こして器に流し入れる。強火で1～2分蒸し、蒸し器のふたをすこしあけて弱火にし、さらに5～10分蒸す。冷蔵庫で冷やす

③ Aを合わせてに鍋に入れ、中火で熱する。砂糖が溶けてキツネ色になる手前で火から下ろし、鍋を回して丁度よいキャラメルの色になったら水大さじ2（分量外）を入れる（はねるので注意する）。再度火にかけて全体が均一になるよう溶かし、塩を加えて冷やす。

④ 2に3を入れ、フルーツをピックに刺して添える。好みで塩を加えていただく。

プリンのフルーツ添えをスタイリッシュに

背の高いグラスで作るだけで、プリンが大人のスイーツに。ソースは好みで追加してもらいます。

フルーツをピックに刺す

プリンに添えるフルーツはピックに刺してグラスに渡しておくと好きなタイミングで食べられる。

冷製スープの浮き実をピックで添えて

グラスに注ぐと、ガスパチョの鮮やかな色が映えます。丸くくり抜いた浮き実もおしゃれ。

マヨネーズを絞ってイタリアンパセリを添える

ガスパチョにコルネでマヨネーズを絞り（コルネの作り方はp.93参照）、イタリアンパセリを添える。

Recipe

オレンジ風味のガスパチョ

材料（4人分）

A（フルーツトマト…10個、セロリ…½本、きゅうり…1本、パプリカ…1個、玉ねぎ…½個、にんにく…1かけ、オレンジの果汁…40mℓ、オリーブオイル…15mℓ、タバスコ…数滴）、マヨネーズ・イタリアンパセリ…各少々、にんじん（丸くくり抜いてゆでたもの）・きゅうり（丸くくり抜いたもの）…各適量

作り方

① Aを合わせてミキサーにかけ、冷蔵庫で1日おく。

② 1をグラスに注ぎ、マヨネーズとイタリアンパセリを添え、にんじん、きゅうりをピックに刺して添える。

サラダを重ねてグラデーションを楽しむ

卵、トマト、ズッキーニ、かにの美しい層が目を引きます。軽く混ぜていただきます。

サラダを順に盛りつける

卵、トマト、ズッキーニ、かにの順に、きれいな層になるように盛っていく。

Recipe

かにとスクランブルエッグ、クルジェットのヴェリーヌ

材料（作りやすい分量）

かに…40g、卵…3個、ズッキーニ（クルジェット）…½本、トマト…1個、玉ねぎのみじん切り…小さじ1、シブレットのみじん切り…少々、生クリーム…大さじ2、バター・オリーブオイル…各適量、塩・こしょう…各少々、マイクロトマト（湯むきしたもの）…適量、セルフィーユ…少々

作り方

① 鍋にバターをぬり、卵、生クリーム大さじ1、塩、こしょうを入れ、泡立て器で混ぜる。弱めの中火にかけて混ぜ続け、固まってきたらボウルに移して氷水に当て、生クリーム大さじ1、玉ねぎ、シブレットのみじん切りを加えて混ぜる。

② ズッキーニは5mmのさいの目に切って鍋に入れ、オリーブオイル少々、塩、こしょう、水大さじ2（分量外）を加えてふたをし、強火に20～30秒かけて取り出し、冷蔵庫に入れて冷やす。

③ トマトはみじん切りにし、オリーブオイル、塩、こしょうであえる。

④ グラスに1、3、2、かにを順に盛り、マイクロトマト、セルフィーユを添える。

コンポートグラスに盛る

簡単な料理でも素敵に見せる力のあるコンポートグラス。いくつかサイズを用意しておくと重宝します。

レシピ…p.104「ごま団子」参照

ティータイムには アジアンスイーツを盛って

1枚葉を敷くだけで、イメージががらりと変わり、アジア風の料理もしっくりとなじみます。

ごま団子に蜂蜜を注ぐ

ごま団子は中央を押して少しへこませ、あれば桂花陳酒少々を混ぜた蜂蜜を注ぐ。

使用した器

- 直径約14cmの コンポートグラス（ス）
- 直径約18cmの ガラスのコンポート皿（ス）
- 直径約21cmの ガラスのコンポート皿（ス）
- 直系約17cmの ガラスのコンポート皿
- 約5×7cmのプラスチックの 葉っぱ形小皿（コ）
- 直径約5cmの プラスチックの器（コ）
- 直系約5cmの ふたつきのガラスの器
- 約4.5×4.5×3.5cmの ガラスの器（ス）

大小のコンポートグラスを組み合わせてカナッペパーティ

大きさ、高さの違うコンポートグラスに盛ると、テーブルに立体感が出ます。

野菜を盛りつける

野菜は種類ごとにまとめて盛り、長さのあるヤンクコーンはほかの野菜に立てかける。

器の脚にアイビーを巻く

脚つきのコンポート皿は、グリーンを巻くとおしゃれに。料理によっては、和風の植物を巻いても。

Recipe

材料（4人分）

ラスク・パン・サブレ・チーズ・ナッツ・ローズマリー・鶏のリエット（p.82参照）・オリーブオイル・ジャム…各適量、ゆで野菜（ロマネスコ、こごみ、アスパラガス、ヤングコーン、きぬさや）・プチトマト・マイクロトマト…各適量、ナッツ・ローズマリー・ベーコンビッツ・パセリ…各少々

作り方

① ラスクをコンポート皿に盛り、小皿に入れたオリーブオイルを添える。

② ラスク、パン、サブレにチーズをのせてナッツ、ローズマリーを添える。コンポート皿に盛り、ベーコンビッツ、パセリを添える。

③ ゆで野菜、プチトマト、マイクロトマトをコンポート皿に盛る。

④ ジャム、鶏のリエットを好みでつけながらいただく。

小分けの料理をのせてトレーのように使っても

大きめのコンポートグラスはトレー代わりに使っても。透明な小皿を合わせてすっきりまとめて。

小皿をコンポート皿にのせる

小皿に盛りつけたピクルスを等間隔にコンポート皿にのせ、中央にオリーブを入れた器をのせる。

レシピ…p.82「ピクルス」参照

お出かけのお弁当も、毎日のお弁当も素敵に！

お弁当箱の盛りつけ

大きなお弁当箱や深さのある曲げわっぱは、きれいに盛りつけるのが意外に難しいもの。簡単にでき、きれいに仕上がる、盛りつけのコツを紹介します。

ご飯1種類でできる手軽で華やかな行楽弁当

炊き込みご飯を笹の葉に巻いた、笹寿司風ご飯をお重に詰めて。これならきちんと並べて盛るだけで、見栄えのするお弁当ができます。

曲げわっぱは大きなおかずから詰めると盛りつけがきれいに

仕切りがなく、深さのあるお弁当箱は、大きなおかずから詰めるときれいに盛りつけられます。ピックを利用するのもポイントです。

重箱のお弁当

使用した器

約30×30cm、高さ約6cmの塗りのお重

笹の葉でご飯を包む

笹の葉を十字に重ね、ご飯（p.43「秋鮭ときのこのご飯」参照）をのせて包む。

竹皮のひもで結ぶ

包んだご飯をひっくり返して笹の葉の端が見えないようにし、竹皮のひもで結ぶ。

曲げわっぱのお弁当

使用した器

約11×17cm、高さ約5cmの曲げわっぱ

大きなものから盛りつけていく

大きなおかずを手前から盛りつける。ゆで卵は転がりやすいのでおかずの間にはさむ。

長いおかずはふちに立てかける

奥に長いおかずを立てかけていく。鶏団子はピックに刺すと形が安定して盛りつけやすい。

Recipe

おかず

ゆで卵（黒ごまを添える）、ゆでた海老、ゆでたそらまめ、ゆでたブロッコリー（けしの実を添える）、れんこんの甘酢漬け、長いものでんがく、鶏団子、しめじの煮物、ぶりの照り焼き、薄焼き卵、ごぼうの煮物、さつまいもの天ぷら、さやいんげんの天ぷら、ゆずの籠（鯛の酢みそあえ、菜の花のおひたし）

スイーツの盛りつけ

身近なスイーツの盛りつけアレンジ

市販のスイーツを上手に盛りつけて、おいしくてかわいいスイーツを作りましょう。

スポンジケーキを使って

プチサイズが愛らしいショートケーキ

少しのクリームとフルーツがあればできるので、急なお客様がいらしたときにも。

ピックを刺して器に盛る

フルーツを添えたらピックを刺し、そのまま持ち上げると口のせまい器でも盛りやすい。

Recipe

材料(4個分)

スポンジケーキ（市販品）…厚さ1㎝にスライスし直径4㎝の丸型で抜いたもの8枚、ホイップクリーム・レッドカラント・ブルーベリー…各適量

作り方

スポンジケーキにホイップクリームをはさみ、上にもホイップクリームを添え、レッドカラント、ブルーベリーを飾って器に盛る。

使用した器

- 直径約7㎝のふたつきの器（ス）
- 直径約10㎝の木のプレート

層の美しいトライフルをガラスの器に盛りつける

キルシュでさっと和えたいちごとクリームを重ねて。ショートケーキよりもぜいたくな味わいです。

使用した器

- 直径約10cm×高さ約11cmのグラス
- 直径約8cm×高さ20cmのグラス
- 約31×19cmの磁器のプレート(ミ)

ホイップクリームとスポンジケーキを重ねる

ホイップクリームの上にスポンジケーキをのせる。横から見えないように中央にのせる。

Recipe

いちごのトライフル

材料(4個分)

いちご…300g、キルシュ…大さじ2、ホイップクリーム…適量、スポンジケーキ(市販品)…厚さ1cmで器の直径よりひとまわり小さな型で抜いたもの8枚、フランボワーズ…8粒、ミント、粉糖…各少々

作り方

① いちごは粗く刻んでキルシュで和える。

② 器に1のいちご、ホイップクリーム、スポンジケーキの順に2回重ね、最後にホイップクリームを盛ってフランボワーズ、ミントを添え、粉糖をふる。

指でつまめるラスクはラフに盛りつけて

パンのラスクよりも、さっくりやさしい歯ざわりのラスク。チョコに金箔を添えても素敵。

使用した器

- 約20cm×10cmのガラスの足つきプレート(グ)

溶かしたチョコレートをつける

湯煎で溶かしたチョコレートをラスクにつける。好みで全体にチョコレートをつけても。

Recipe

ラスク

材料(4個分)

スポンジケーキ(市販品)・コーティング用チョコレート(白・黒)…各適量

作り方

① スポンジケーキは2×2×5cmくらいに切り、100度のオーブンに1時間入れて乾燥させる。

② コーティング用チョコレートを湯煎で溶かし、1につける。乾いたら器に盛る。

ガトーショコラを使って

絵を描くような、遊び心満点の盛りつけ

フルーツから？　ガトーショコラから？
食べる順番を考えるのも楽しくなります。

Recipe

ガトーショコラのフルーツ添え

材料（4人分）
p.87「ブッシュドノエル　ショコラオランジュ」の作り方1～3を参照して作った生地にp.147「チョコレートフォンデュ」のガナッシュソースを冷やしてはさんだケーキまたは市販のガトーショコラ…12切、フルーツ（好みのもの）…適量、ラズベリーソース・ミント・ココアパウダー…各少々

作り方
① ラズベリーソースをコルネに詰めて（コルネの作り方はp.93参照）器に点線を描く。
② ガトーショコラはココアパウダーをふる。
③ ガトーショコラ、フルーツを器に盛り、ミントを添える。

使用した器
● 約15×15cmの磁器のプレート

クリームとココアパウダーを重ねてティラミスに

スポンジケーキの代わりにガトーショコラにコーヒーをしみこませて。クリームに濃厚なショコラがよく合います。

ココアパウダーをふる

ココアパウダーは手をトントンと軽く当ててふると均一にふれる。

使用した器

- 約5×5cm、高さ約7cmのプラスチックの器
- 約12×25cmの磁器のプレート

Recipe

ティラミス

材料(作りやすい分量)

p.87「ブッシュドノエル ショコラオランジュ」の作り方1～3を参照して作った生地または市販のガトーショコラ…厚さ5mmにスライスし器の直径よりもひと回り小さい型で抜いたもの適量、マスカルポーネチーズ…250g、卵黄…2個、卵白…2個分、砂糖…50g、コーヒー・ココアパウダー…各適量

作り方

① 卵黄、マスカルポーネチーズをそれぞれほぐし、卵黄にマスカルポーネチーズを少しずつ混ぜる。

② 卵白に砂糖を2～3回に分けて加えながら泡立て、1と合わせる。

③ ガトーショコラにコーヒーをしみこませて器に敷き、2を盛り、ココアパウダーをふる。

クッキーをのせてお菓子屋さんのケーキ風

相性抜群のチョコ、バナナ、フランボワーズをキュートに盛って。いろいろな形のクッキーで遊んでみて。

クッキーをふんわりのせる

いろいろな形のクッキーや、プレーン以外にチョコレート味などのクッキーで作っても楽しい。

使用した器

- 直径約8cmのシリコンの小皿
- 約10×35cmの金属のプレート

Recipe

クッキーサンド

材料(4個分)

p.87「ブッシュドノエル ショコラオランジュ」の作り方1～3を参照して作った生地または市販のガトーショコラ…厚さ1cmにスライスし直径6cmに抜いたもの4枚、ホイップクリーム…適量、バナナ…12切れ、ラズベリー…16粒、クッキー…4枚、飾り用チョコレート・粉糖…各適量

作り方

① ガトーショコラにホイップクリームをのせ、バナナ3切、ラズベリー4粒ずつをのせて飾り用チョコレートを添える。

② クッキーをのせて粉糖をふり、器に盛る。

アイスクリームを使って

グラスに詰めて好みのジャムをトッピング

ジャムとアイスで、好きな味を作って。こんなプチサイズなら、たくさん作っても全部楽しめます。

使用した器

約4.5×4.5×3.5㎝のガラスの器(ス)

器のふちいっぱいまでジャムをのせる

アイスクリームを器の8 ~ 9分目まで盛り、ジャムをふちいっぱいにのせる。

Recipe

プチアイス

材料(全て適量)

アイスクリーム・ジャム(それぞれ好みのもの)

作り方

アイスクリームは室温で少し柔らかくし、冷やした器に詰め、冷凍庫で冷やし固めてジャムをのせる。

ベリーとバルサミコ酢のソースでパフェのように

ほんのりと感じる酸味が心地よい、大人のデザート。ソースをたっぷりかけて召し上がれ。

Recipe

バルサミコの香るベリーソース

材料（作りやすい分量）

バルサミコ酢・蜂蜜…各50mℓ、いちご・ブルーベリー・ラズベリーなど好みのベリー類（冷凍でもよい）…50g、アイスクリーム…適量、フルーツ…適量

作り方

① バルサミコ酢と蜂蜜は合わせて煮詰め、泡が出てきたらベリー類を加えてひと煮し、冷蔵庫で冷やす。

② フルーツは器に盛る。

③ アイスクリームを器に盛り、1をかける。フルーツを添える。

**スプーンを手前に引いて
アイスクリームをすくう**

アイスクリームを室温で少し柔らかくし、水でぬらしたスプーンを横にして当て、削るように手前に引いてすくう。

**スプーンの底を温めて
アイスクリームを溶かす**

手の平でスプーンの底を温めてアイスクリームを少しだけ溶かし、すべらせるように器に盛る。

使用した器

- 直径約10cm×高さ約9cmのくぼみがあるガラスの器（ス）
- 直径約8cmのガラスの小皿（ス）
- 直径約17cmのガラスのプレート（グ）

アイスはスイーツのトッピングとしても大活躍

パンケーキにちょこんとのせれば、キュートなスイーツに。抹茶の代わりにココアパウダーをふっても。

**アイスクリームを
ディッシャーで盛る**

ホットケーキはディッシャーの大きさに合わせてくり抜き、アイスクリームをディッシャーで盛る。

使用した器

- 約31×9cmの磁器のプレート（ミ）
- 長さ約12cmのれんげ
- 直径約4cm×高さ約7cmのプラスチックの器

Recipe

パンケーキのアイスクリーム添え

材料（4人分）

パンケーキ（卵黄3個をほぐし、薄力粉100gとベーキングパウダー小さじ1を合わせてふるい入れて混ぜ、牛乳100gを加えて混ぜ、卵白2個とグラニュー糖40gで作ったメレンゲを加えて混ぜ、焼く）…4枚、アイスクリーム・抹茶・抹茶の粉・フルーツ・プチマドレーヌ・塩…各適量

作り方

ハケに抹茶をつけて器に模様を描く。パンケーキは真ん中を深さ1cmほどくり抜き、アイスクリームをのせる。抹茶の粉をふり、フルーツ、プチマドレーヌ、塩を添える。

いろいろなスイーツを使って

小さな大福が春のスイーツに

桜の花の塩漬けを添えると、大福が上等な生菓子のように。箱に入れて手みやげにしても。

桜の塩漬けを添える

大福を器に盛り、位置を決めてから桜の花の塩漬けを添える。

使用した器

- 約4.5×4.5×3.5cmのガラスの器（ス）
- 約30×10×0.6cmの石のプレート（R）

Recipe

材料（作りやすい分量）

大福…適量、桜の花の塩漬け（塩抜きしたもの）…大福と同じ数

作り方

大福は器に盛り、桜の花の塩漬けを添える。

水ようかんに笹を敷いて涼しさを演出

笹を敷くだけで、おもてなし向きの水ようかんに。トッピングは好みのもので自由に楽しんで。

笹の端を切って重ねホッチキスでとめる

笹の両端にそれぞれ縦に切り目を入れ、重ねてとめると舟の形の器になる。

笹で包む場合は笹に水ようかんをのせて両端を重ねて包み、ピックをぬうように刺してとめる。

使用した器

- 直径約15cmのガラスの皿

Recipe

材料（全て適量）

水ようかん、レモンピール

作り方

水ようかんは型で抜き、笹を敷いた器にのせてレモンピールを添える。

マンゴープリンをココナッツミルクに浮かべて

ココナッツミルクを作るだけで手軽にアジアンデザートが完成。好みでマンゴーの果肉やタピオカを加えても。

マンゴープリンにくこの実を添える

赤いくこの実は彩りを添えるのにぴったり。ミントやベリー類を添えてもかわいい。

使用した器

- 直径約11cmのガラスのボウル(グ)
- 約12×12cmのガラスのプレート(グ)

Recipe

材料(作りやすい分量)

マンゴープリン(市販品)…適量、A(ココナッツミルク150mℓ、砂糖大さじ1、コンデンスミルク大さじ2)、くこの実…適量

作り方

①Aは合わせて火にかけ、軽く温めてから冷蔵庫で冷やす。

② 器に1を注ぎ、マンゴープリンを盛る。くこの実を添える。

葛きりはトッピングを添えてカラフルに

色や形のかわいいお菓子を添えると、シンプルな葛きりがお客様向けの甘味になります。

フルーツと白玉を竹串に刺す

フルーツは白玉とおなじくらいの大きさの角切りにするとバランスがよい。

Recipe

材料(全て適量)

葛きり、キウイ、マンゴー、白玉(イチゴジャムを加えて作ったもの)、黒蜜、最中の皮、豆菓子

作り方

① キウイ、マンゴー、白玉はピックに刺す。豆菓子は最中の皮に盛る。

② 葛きりを器に盛り、1、黒蜜を添える。

使用した器

- 直径約9cmのガラスの器(ス)
- 直径約12cmの磁器の皿(有)
- 長さ約12cmの磁器のれんげ
- 約4×4×4cmのガラスの器(ス)

フルーツの盛りつけアレンジ

フルーツの色や形のかわいさを生かして素敵な盛りつけのデザートに仕上げましょう。

コンポートを盛る

ローズヒップティーのシロップは目にも鮮やか

シロップの色がとても美しいコンポートは、シンプルに盛るだけで素敵なおもてなしデザートになります。

Recipe

ローズヒップティーのコンポート

材料（作りやすい分量）

ローズヒップティー…400mℓ、砂糖…大さじ4、蜂蜜…大さじ2、キルシュ…大さじ2、フルーツ（好みのもの）…200g、ミント…適量

作り方

① ローズヒップティーに砂糖、蜂蜜を加えて溶かし、フルーツを加えてさっと火にかけてキルシュを加え、冷蔵庫で冷やす。

② 1を器に盛り、ミントを添える。

ミントで彩りを添える

ミントの緑はローズヒップの赤を引き立てる。香りの相性もよいので、多めに添えて。

フルーツにピックを刺す

盛りつけがさびしいときはピックが便利。数本ランダムに刺すと動きが出る。

使用した器

- 約13×13cm、高さ約13cmのガラスの器（ス）
- 約15×15cmのガラスのプレート（ス）

コンポートのシロップをジュレにして

コンポートと同じ材料で作るジュレのデザート。色がきれいなのでぜひガラスの器に盛って。

ジュレの上にフルーツを添える

フルーツは器の大きさに合わせて小さく切って盛る。形のかわいいベリーは目立つところに置いて。

使用した器

- 直径約9.5cm×高さ15.8cmのグラス（池）

Recipe

ローズヒップジュレ

材料（4人分）

「ローズヒップティーのコンポート」の汁…300㎖、「ローズヒップティーのコンポート」のフルーツ…適量、粉ゼラチン…5g、ライム…4カット、ミント…少々

作り方

① 粉ゼラチンは水大さじ1（分量外）にふり入れてふやかす。

②「ローズヒップティーのコンポート」の汁を沸騰しない程度に温めて火を止め、ゼラチンを溶かして冷やし固め、器に盛る。フルーツ、ライム、ミントを添える。

フルーツの籠に盛る

ライムとレモンをくり抜いた初夏のデザート

ライムは手つきの籠風に、レモンは和食器の割り山椒風に飾り切り。初夏の味、そらまめ甘煮を添えて。

籠の中にゼリーを詰める

ゼリーを籠の中に詰めてから、フルーツを目立つように上に盛る。

使用した器

◯ 約15×15cmのガラスのプレート（ス）

Recipe

夏のフルーツ籠

材料（4個分）

レモン・ライム…各2個、砂糖…100g、アガー…30g、ブランデー…小さじ1、フルーツ（好みのもの）・そらまめ甘煮…各適量、ミント…少々

作り方

① 砂糖、アガーをよく混ぜ、熱湯250㎖（分量外）を泡立て器で混ぜながら加える。ブランデーを加え、バットに入れて冷蔵庫で冷やし固め、適当な大きさに切る。

② レモン、ライムは実をくり抜き（左記参照）、1、フルーツ、そらまめ甘煮を盛り、ミントを添える。

※アガーは海藻が原料の凝固剤。

柿の器には秋の味覚のぶどうを詰めて

柿を器にすると、グッと和の雰囲気に。暖色系のフルーツの中に黒豆を添えると、引き締まった印象に。

暖色系のフルーツを盛る

柿をはじめ、ぶどうやレッドカラントなど暖色系の色のフルーツで統一すると秋の雰囲気が出る。

使用した器

◯ 約15×15cmの塗りの皿

Recipe

秋のフルーツ籠

材料（4個分）

柿…4個、砂糖…100g、アガー…30g、ブランデー…小さじ1、フルーツ（好みのもの）…適量、黒豆…4粒、銀箔…少々

作り方

①上記「夏のフルーツ籠」の作り方1と同様にゼリーを作る。

② 柿は実をくり抜き、1、くり抜いた柿の実、フルーツを盛り、黒豆、銀箔を添える。

※アガーは海藻が原料の凝固剤。

チョコレートフォンデュを盛る

フォンデュのフルーツを宝石みたいに散りばめて

ガナッシュソースで器に曲線を描き、動きを出します。ゲストと一緒に盛りつけを楽しんでも。

フルーツ籠の作り方

竹串で目安をつけて切り込みを入れる

レモンのお尻を手前に持ち、外周に竹串で三等分の目安をつけ、ナイフでかごの形に切り込みを入れる。

皮をはがしてレモンの実をくり抜く

余分な皮を切り込みに沿ってはがし、くり抜き器でレモンの実をくり抜く。

取っ手を残してライムを半分切り取る

ライムを横にし、底を少し切り落とす。半分の高さまで取っ手の切り込みを入れ、取っ手を切らないように上半分を切り取る。

実と皮の間に切り込みを入れる

ライムの実と皮の間に切り込みを入れ、実を取る。取っ手の部分の実も切り込みを入れて取る。

Recipe

チョコレートフォンデュ

材料(4人分)

ガナッシュソース(スイートチョコレート150gを刻み、沸騰させた生クリーム150gに加えて混ぜる)・フルーツ(好みのもの)・クッキー…各適量、ハーブ・飾り用チョコレート…各少々

作り方

① ガナッシュソースをフォンデュ鍋に入れ、温める。

② 器に1をのせてフルーツを盛り、クッキー、ハーブ、飾り用チョコレートを添える。

③ コルネにガナッシュソースを入れて、器に模様を描く。(コルネの作り方はp.93参照)

竹串を刺して高さを出す

フルーツに竹串を刺すと高さが出てにぎやかな雰囲気になる。

使用した器

◎ 約30×30cmのガラスのプレート(グ)

● 約8.2×8.2cm、高さ約3.5cmの磁器の器(ミ)

● 直径約6cm×高さ約4cmのガラスの脚つき小皿(ス)

✿ 直径約12cmのフォンデュ鍋(池)

おもてなし気分を盛り上げる

ナプキンのたたみ方バリエーション

料理の盛りつけにこだわるなら、テーブルセッティングにも気を配りたいところ。そんなときに便利なのがナプキンです。パパッとたたむだけで、レストラン風の雰囲気を出せます。

重なった層が美しい立体感のある折り方

ナプキンを4つ折りにする

ナプキンを、手前から向こう、左から右に4つ折りにし、右手前の角を対角と合わせて折る。

左右のふちを中心で合わせて折る

三角形の左右のふちを三角形の中心で合わせるようにして、ナプキンを手前に折る。

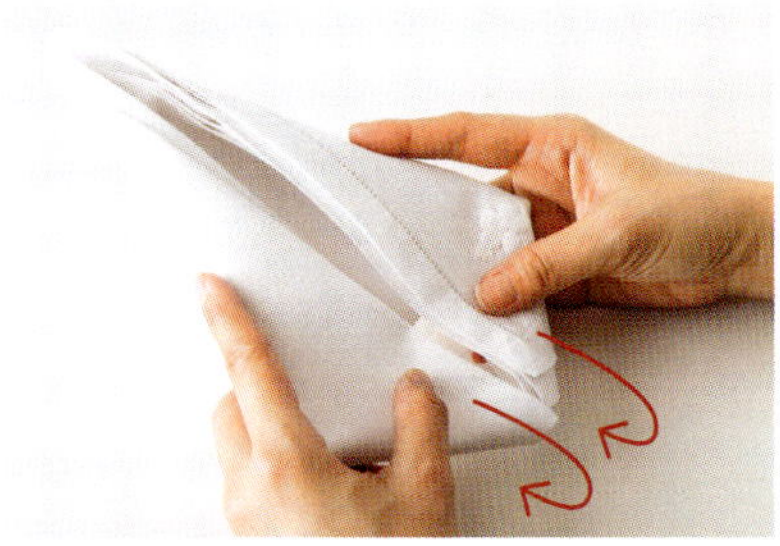

はみ出た部分を向こう側に折る

下にはみ出た左右の三角部分を下のナプキンのふちに合わせて向こう側に折る。

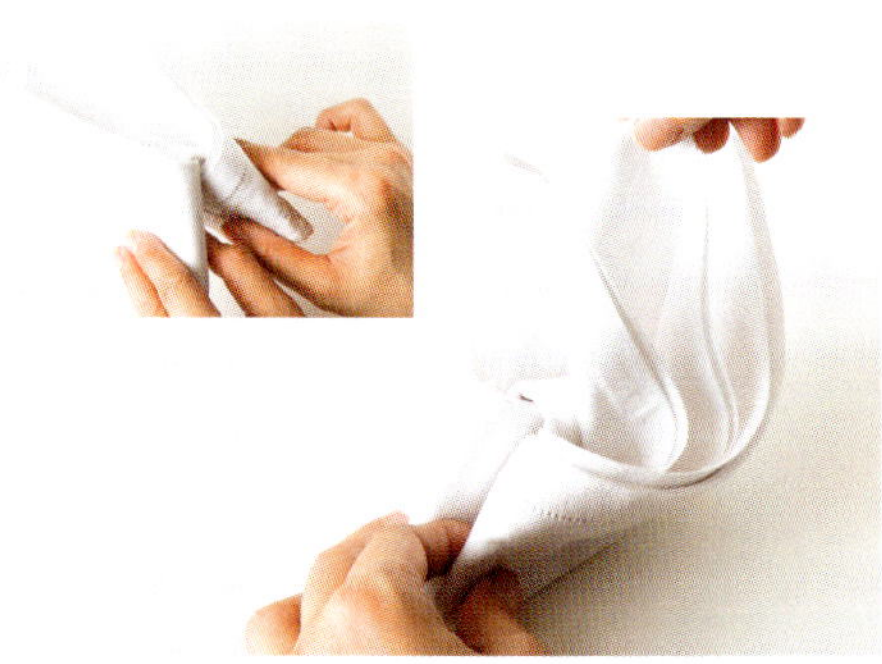

縦にふたつに折りひだを起こす

ナプキンの合わせ目のラインで縦にふたつに折り、ナプキンのひだを内側から順に起こす。

三角に折るだけなのに
スタイリッシュな印象です

ナプキンを三角に折る

ナプキンをひし形に置き、手前の角を奥の角につけて三角形にする。

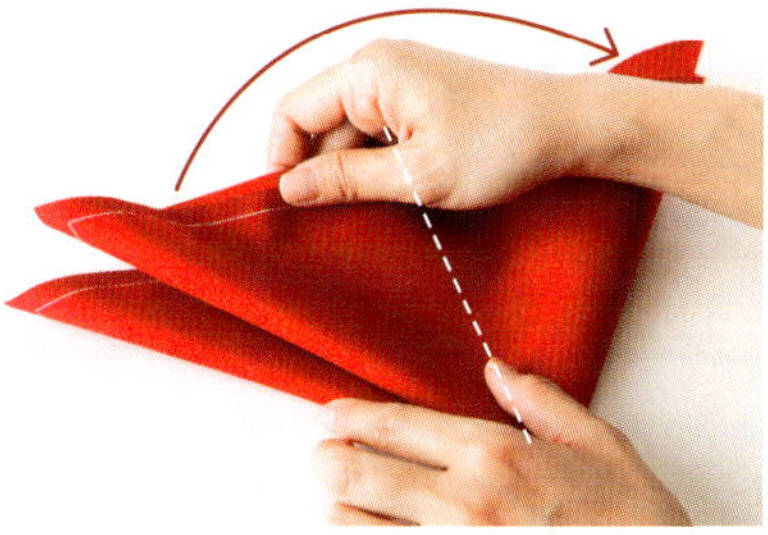

少しずらして2回折る

ナプキンの右の角が左の角よりも手前にずれるようにふたつに折り、もう一度ふたつに少しずらして折る。

細長いろうそくのような
シルエットが印象的

三角に折ったナプキンの手前を折る

ナプキンをひし形に置き、手前の角を奥の角につけて三角形にし、手前を数cm折る。

裏返して端から巻いて折り込む

裏返し、端からクルクルとつぶさないように巻いていく。最後は折り目に折り込む。

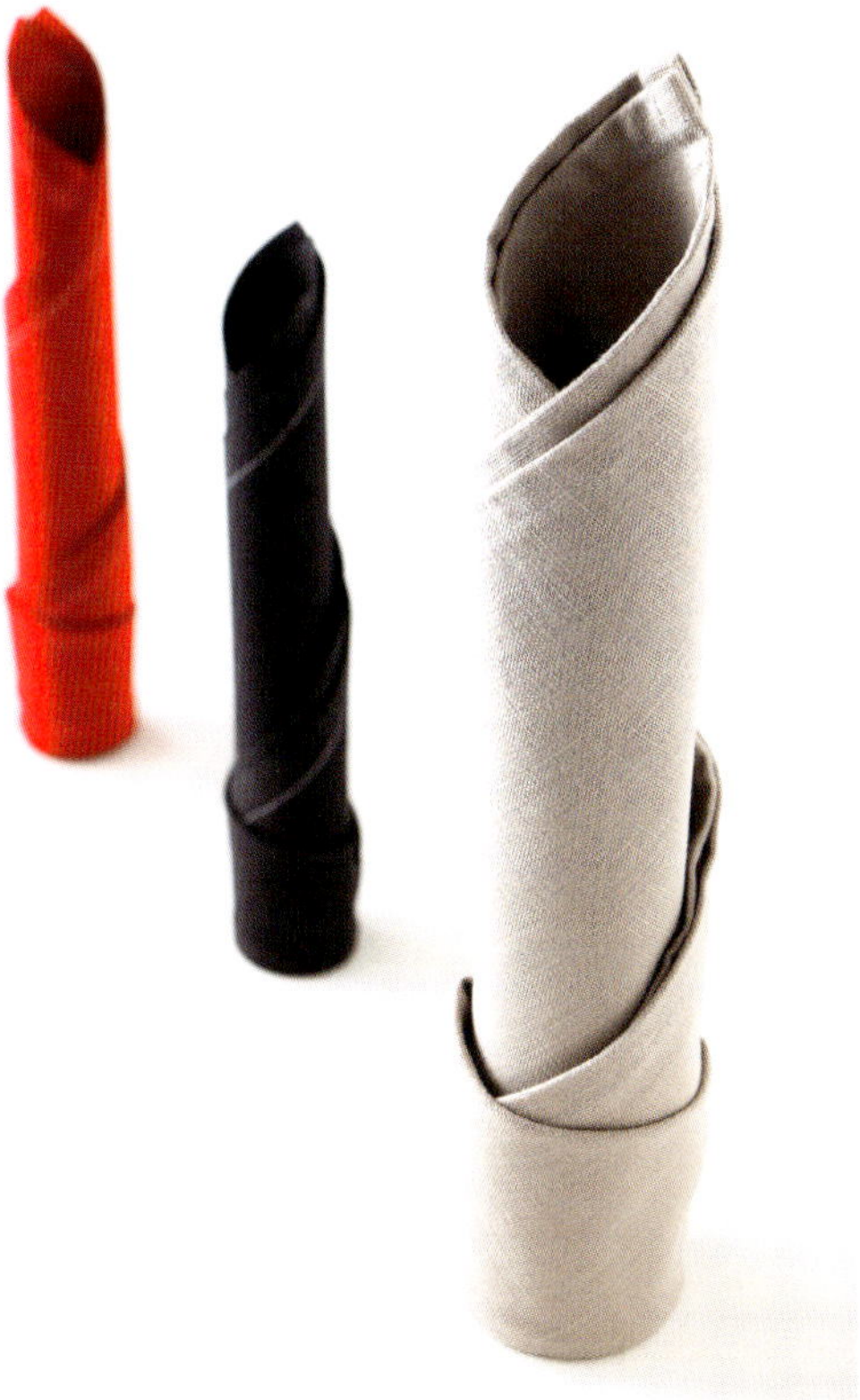

美しい盛りつけに役立つ道具

盛りつけに欠かせない道具は、おなじみのものから少し珍しいものまでいろいろあります。本書で使用したものを中心に、便利な道具を紹介します。

※説明文の末尾に（　）で文字が入っているものは、160ページにメーカーの問い合わせ先を掲載しています。

盛りつけ箸

普通の菜箸よりも、先端が細い盛りつけ専用の箸。細かいものがつかみやすく、すべりにくいので、小さなあしらいも盛りつけやすい。

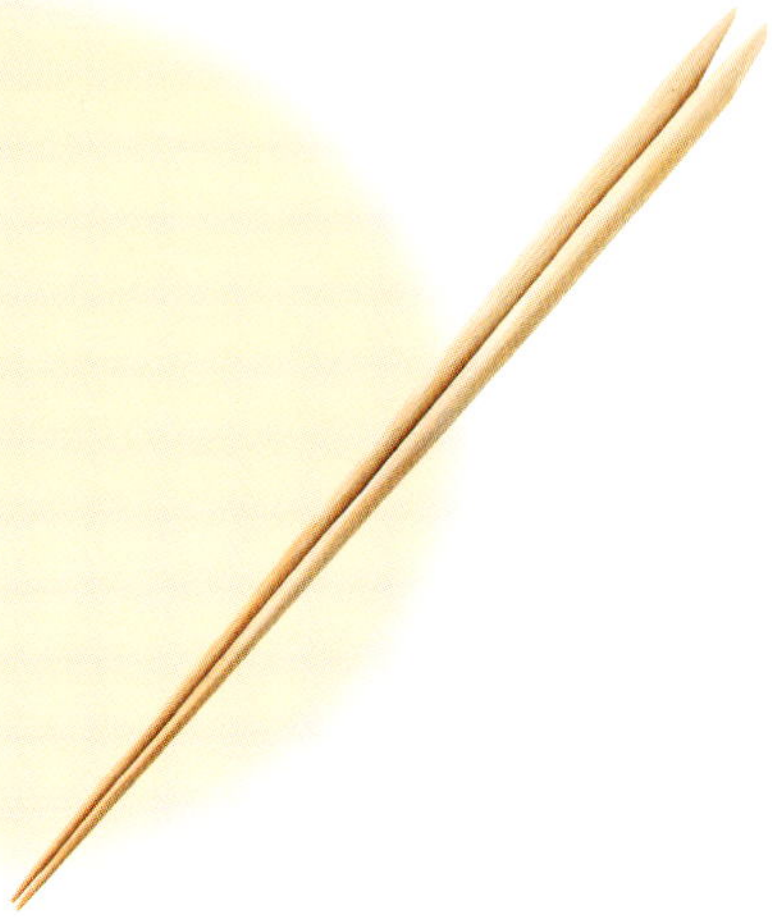

盛りつけ箸を使うと小さく薄い木の芽もつかみやすい。

トング

料理を簡単につかめて盛りつけが手早くできる。大きいものは肉などの重いものに、小さいものは野菜などの軽いものにと、大小揃えておくと便利。（池）

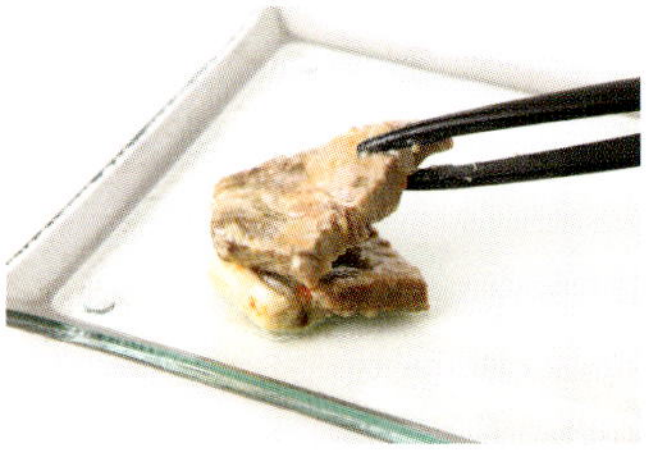

柔かい煮込み料理もトングでつかむと崩れにくい。

おろし金

洋食にチーズをふりかけるなど、盛りつけの仕上げに使用することが多い。写真は棒状のもので、和食にかんきつ類の皮を直接ふるのにも使える。（池）

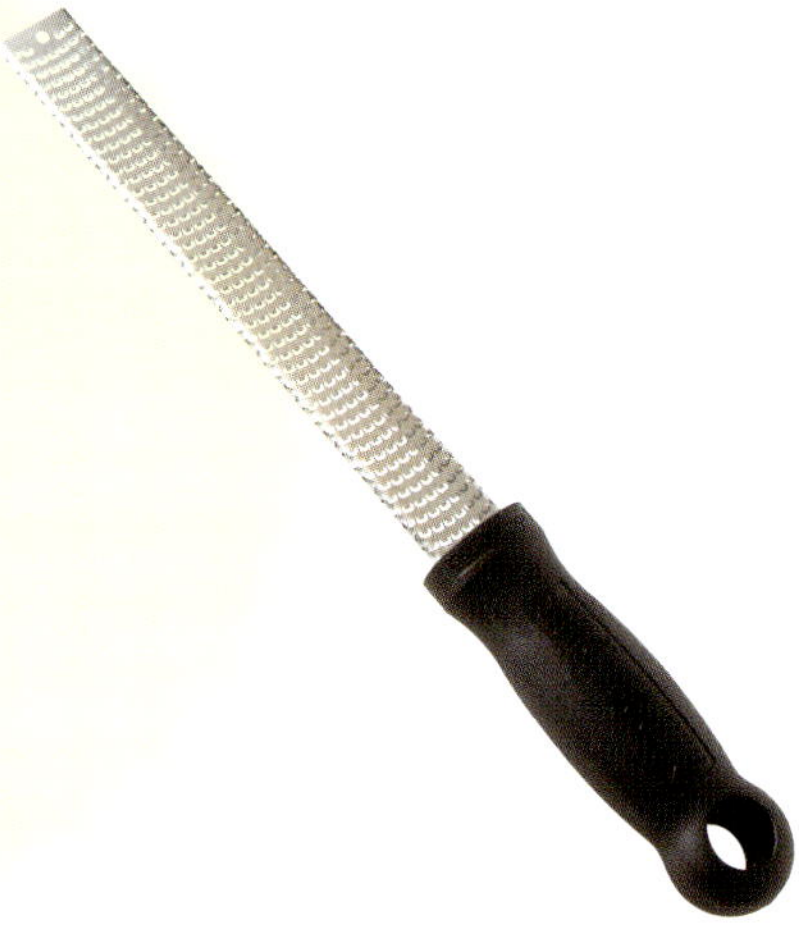

すりおろしたチーズはふんわりとし、盛りつけが美しくなる。

グレープフルーツスプーン

プレートにソースをたらすときには、先の細いスプーンが向いている。グレープフルーツスプーンは手に入りやすく、使い勝手もよいのでおすすめ。

ソース適量をたらして、スプーンの先端をつけたまま引くと模様になる。

竹串

竹串の中でも、海老串というごく細いものが盛りつけには最適。料理に刺して盛りつけたり、ソースで細かな線を描いたりとさまざまに使える。

柔らかい料理は細い竹串（海老串）で刺して盛りつけると崩れない。

飾りの金箔や銀箔は、竹串を使うと適量つけられる。

竹串をソースにつけたまま引くだけで繊細な線が描ける。

お玉(レードル)

ソースを器に広げるのに、プロも使用する丸いお玉。少量のソースを広げるときには、直径3cm程度の小さなものが便利。

お玉をソースにつけ、中心から外に向かって渦巻きのように動かすと丸く広がる。

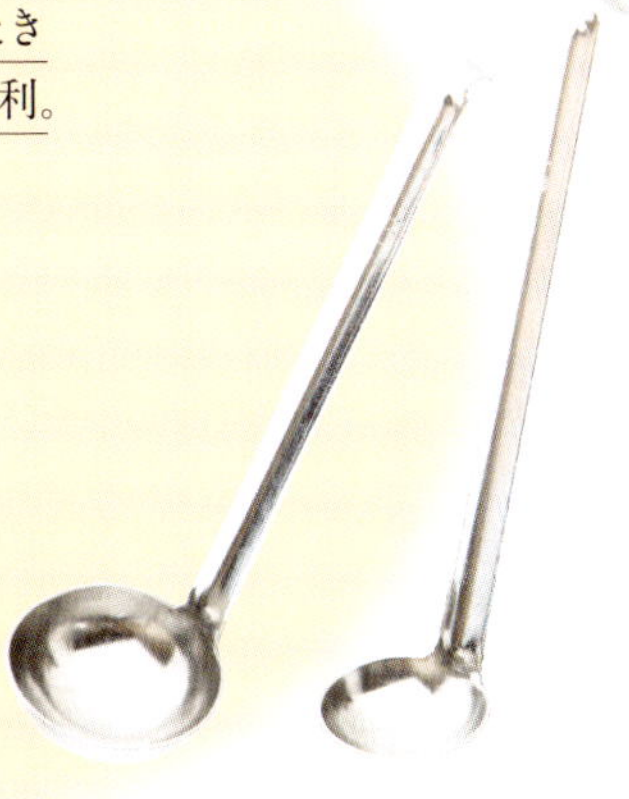

フライ返し

フライパンやオーブンで焼いた肉や魚を取り出しやすい。へらと柄に角度がついているほうが、きれいに取り出せ、器を汚さずに盛れる。

レモンデコレーター

レモンやライムの皮をらせん状にむく道具。刃の出っ張ったところを皮に当てて、力を入れてむいていく。(池)

グッと刃を食い込ませるようにしながらむいていく。

バターカール

バターを貝殻のように削る道具。刃をバターに当て、下に力を入れながら手前に引いてカールさせる。2回繰り返すと貝殻のようになる。(池)

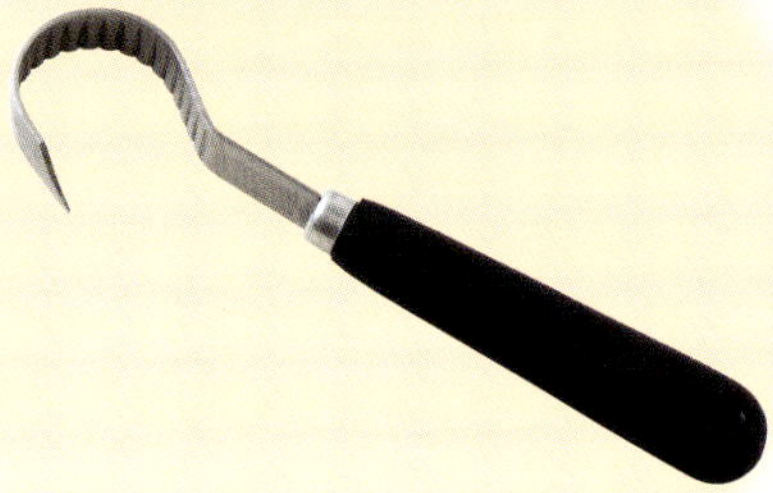

少しだけ室温に置き、柔らかくすると削りやすい。

抜き型

花や葉のほか、羽子板などの季節のモチーフまで、いろいろな形のある抜き型。野菜などを抜いて料理に添えれば、手軽に季節感を出せる。

もみじやいちょうなどのあしらいで、秋を演出。

くり抜き器

野菜を丸くくり抜くのに使う。サイズはさまざまあるが、直径1cmほどのものも1本持っておくと、スープの浮き実などの飾りが作れて便利。写真は直径9mm。(池)

くり抜き器で丸く抜いたきゅうりやかぶは料理をかわいらしく演出する。

物相《もっそう》

ご飯の木型。シンプルな白いご飯も、物相を使ってごまなどを添えるだけで華やかになる。梅や扇などおめでたいモチーフのものが多い。

ピンクに色づけしたご飯を物相で梅形に。春らしさの漂う盛りつけ。

とよ型

テリーヌによく使う型。小さめのサイズのものなら、少量の料理を気軽に作れる。写真は12.5×8.5cm、高さ6cm、容量440mℓ。(池)

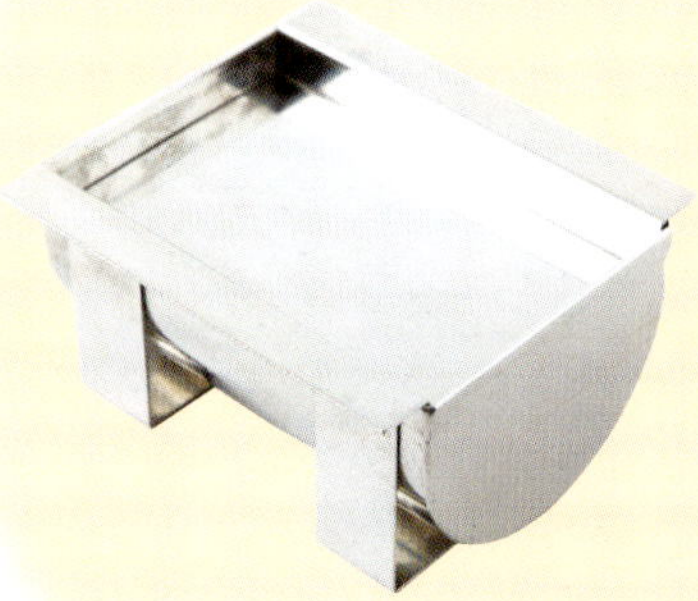

身近な材料を使った料理も、とよ型で蒸し上げるとおもてなしの雰囲気がアップ。

セルクル

底のない型で、形の決まっていない料理を詰めて使うほか、お菓子の型にもなる。丸いものがポピュラーだが、四角や長方形などさまざまある。(池)

つけ合わせの野菜がセルクルに詰めるだけでレストラン風に仕上がる。

巻きす

太巻き寿司を作るときに欠かせない道具。卵焼きを熱いうちに巻いて形を整えるのにも使える。(池)

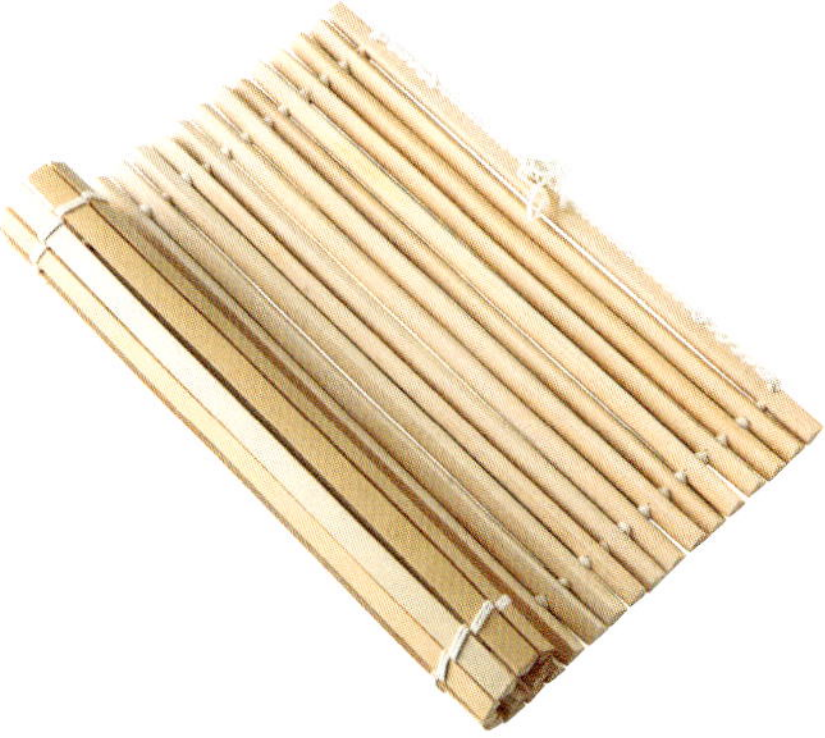

卵焼きの型

棒状に焼いた卵焼きを熱いうちにはさんで冷まし、輪切りにすると切り口がひょうたんの形に。手軽にかわいいお弁当のおかずが作れる。(池)

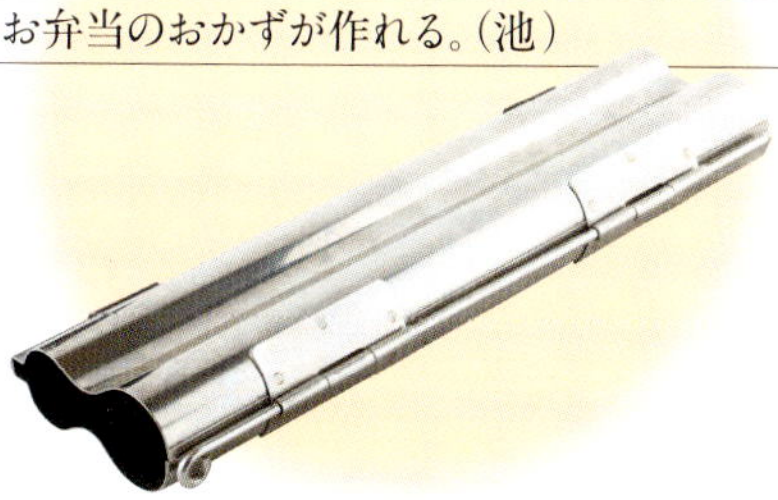

盛りつけを引き立てるテーブルまわりの小物

盛りつけと切っても切り離せないのが食卓に華を添える小物。おもてなしの雰囲気を盛り上げる小物と、選ぶときのヒントを紹介します。

※説明文の末尾に（　）で文字が入っているものは、160ページにメーカーの問い合わせ先を掲載しています。

白いれんげをプレートにのせて小皿のように使ってもおしゃれ。

シンプルな白や透明のれんげは器としても重宝。中華料理だけでなく、和食の薬味や洋食のつけ合わせを盛っても映える。

スプーンやれんげは いろいろな形を集めるのが楽しい

料理をすくって食べるだけでなく、器のひとつとして豆皿のように使うこともできるスプーンやれんげ。機能的なものも多くあります。

同じ形の色違いを集めるのも楽しい。細長いスプーンは肉料理やパスタの皿にのせて、塩やこしょう、パン粉などを添えるのにも使える。

三日月、満月などそれぞれに違う月の模様の入ったれんげ。柄の後ろに突起がついていて、器の内側に立てかけても器のふちで止まり、すべらない。

柄にフックのついた細長いスプーン。グラスにデザートやサラダを盛りつけたときに、ふちにひっかけて添えることができ、スマート。

フック状になったスプーンはグラスに料理を盛るときに便利。

おちょこは豆皿として使えて便利

かわいい柄のものがたくさんあるおちょこは、料理を小分けにして盛るのにぴったり。大きめのお皿にいくつか組み合わせるだけで盛りつけが映えます。

九谷焼のアンティークやガラスのおちょこ。お気に入りをひとつずつ集めていくのも楽しい。

人数が多いときに役立つグラスマーカー

グラスの足にかけて、自分のグラスをわかりやすくする小物。いろいろ用意して、ゲストに気に入ったものを選んでもらっても。

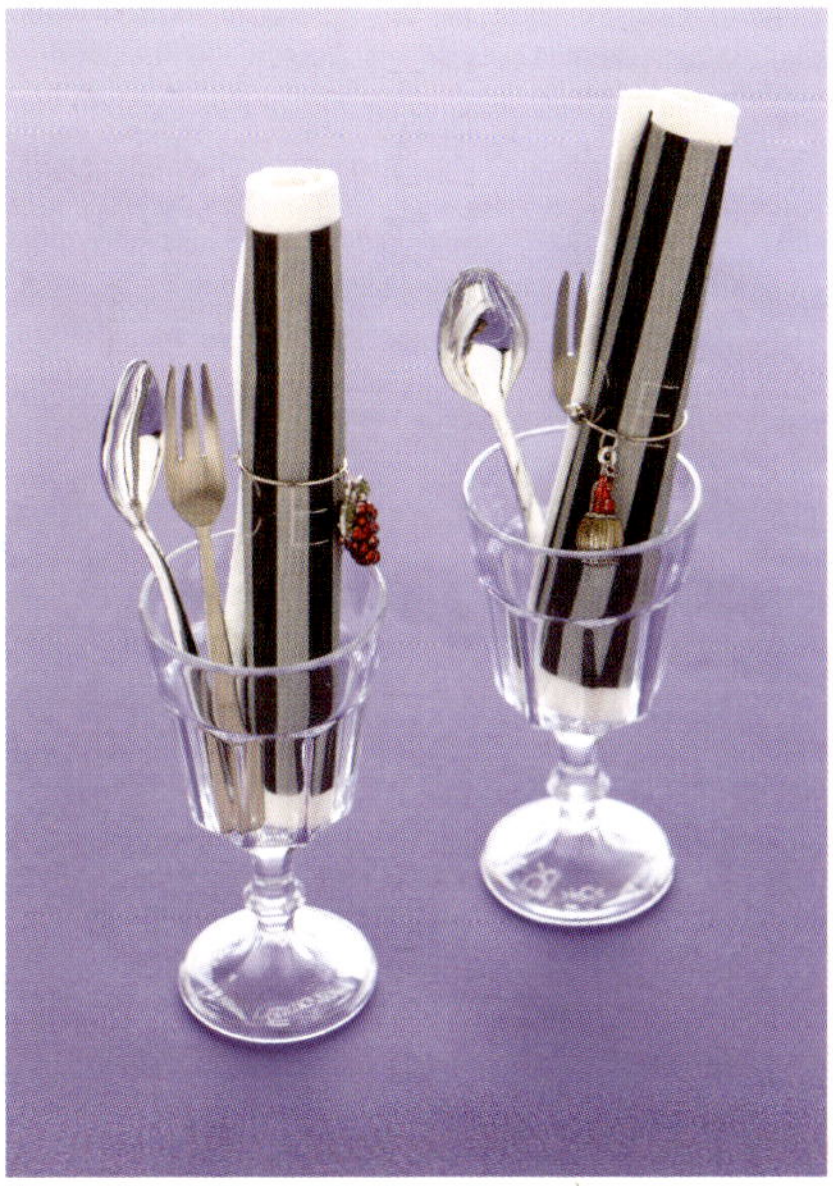

巻いた紙ナプキンをグラスマーカーに通してかんたんにかわいくセッティング。

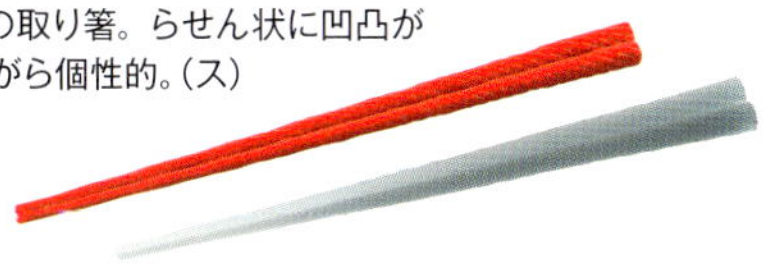

色違いのガラスの取り箸。らせん状に凹凸があり、シンプルながら個性的。(ス)

塗りの取り分けスプーンとフォーク。シックな色はいろいろな料理に合わせやすい。

取り箸、取り分け用スプーン、フォークはシンプルなものを

取り分け用の箸やスプーンなどは、シンプルなものならどんな器にも合わせられ、使いまわしがききます。収納に余裕があれば、個性的なものを増やしても。

リングやらせん、結ぶタイプなど、さまざまな形がある。

手軽におもてなしの雰囲気を出せるナプキンリング

ナプキンを巻いて通すだけでおもてなし風になる便利な小物。色や形によってフォーマルにもカジュアルにもなる。

箸置きはいろいろな種類を混ぜて使っても楽しい

箸置きは、少しくらいテイストが違うものを混ぜても違和感がなく、遊べるアイテム。収納場所もそんなにとらないので、たくさん集めて組み合わせを楽しんでも。

鶴のモチーフはかわいいうえに箸がずり落ちなくて機能的。

同じデザインの箸置きは色違いを集めると楽しい。(ス)

ガラス、磁器、陶器を混ぜても、大きさを同じくらいに揃えるとまとまりが出る。

錫《すず》の箸置き。繊細な細工が目を引く。

ユニークな中華の箸置き。テーブルにオブジェとして飾っても。

ガラスの箸置き。スプーンも置けるようにくぼみがついている。(グ)

色違いのガラスの箸置き。豆皿としても使える。(ス)

箸置きに湯豆腐の薬味を入れて使ってもかわいい。

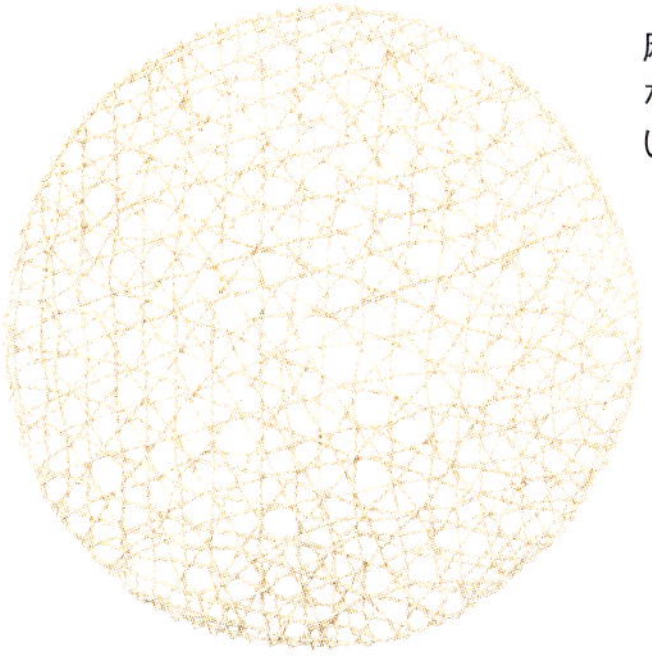

麻を編んだマット。ナチュラルな色と丸い形で、料理をやさしい雰囲気にまとめる。

メッシュのマット。布のランチョンマットよりもハリがあり、かっちりとした印象になる。

ランチョンマットで料理に統一感を出す

銘々のおかずが何品かあるときなどに便利なランチョンマット。1枚敷くだけでまとまりが出ます。ふだんの食卓でも重宝するはず。

金属、プラスチック、木などさまざまな種類のピック。前菜やスイーツの盛りつけに華を添える。

ピックは盛りつけに動きを出すのに大活躍

形の同じ料理を並べるときは、ピックを刺すと高さが出て、さらに細長い形が加わることで盛りつけに変化が生まれます。

ピックの持ち手側に小さなフルーツやスイーツを刺すのもアイデア。

ピックを刺したごま団子は、食べやすく、見た目も華やかになる。

ナイフレストがあるとレストランのような雰囲気に

洋食を作ることが多いなら揃えておきたいナイフレスト。箸置きに比べて大きいので、同じ種類のものでまとめたほうが統一感が出ます。

ガラスのナイフレスト。細やかなデザインが美しい。

コース仕立ての料理にセッティング。最初はカトラリーを器の横に置き、使用したらナイフレストに置いて。

色の華やかなテーブルランナーは、テーブルをにぎやかにしたいときに、刺し色として使っても。

長さや幅はいろいろなものがある。テーブルの大きさに合わせて選んで。

テーブルランナーは食卓を引き締める

テーブルにまとまりを出すのに手軽で便利なのが細長いテーブルランナー。ラインが入ることで、散漫な印象のテーブルが引き締まります。

p.6

ボローニャ風ラグーソースのパスタ

使用した器

直径約30.7㎝の磁器の器（ミ）

Recipe

材料（4人分）

スパゲティ…320ｇ、合いびき肉…300ｇ、ベーコン…40ｇ、玉ねぎ…1個、にんじん…1個、セロリ…1本、トマト缶…1缶（400ｇ）、トマトーペースト…30ｇ、白ワイン…150㎖、ローリエ…1枚、パセリの茎…適量、オリーブ油…適量、塩・こしょう…各適量、芽ねぎ・パルミジャーノチーズ…各適量

作り方

① 玉ねぎ、にんじん、セロリはみじん切りにしてオリーブ油でよく炒める。

② ベーコンはみじん切りにする。1に合いびき肉、ベーコンを加えて炒め、白ワイン、トマト缶、トマトペースト、水200㎖（分量外）、ローリエ、パセリの茎を加えて1時間ほど煮込む。塩、こしょうで味を調える。

③ スパゲティは塩適量を加えた熱湯でゆで、製品の表示時間の2分前でザルに上げる。2のソース適量と合わせて火にかけ、アルデンテに仕上げて器に盛る。芽ねぎ、パルミジャーノチーズをふりかける。オリーブ油少量をたらす。

スパゲティをフォークに巻きつけて盛りつける

スパゲティをフォークに取り、スプーンの上でクルクルと巻いてそのまま器に盛る。

ソースをかけてチーズをふりかける

チーズを器のふちにもかかるようにふりかける。全体ではなく、左右に広げるようにかける。

---

p.7

肉じゃが

使用した器

直径約28㎝×高さ約13㎝の陶器の鉢（箕）

Recipe

材料（4人分）

牛こま切れ肉…200ｇ、じゃがいも…2個、にんじん…½本、玉ねぎ…½個、しょうがのみじん切り…少々、酒…50㎖、砂糖…大さじ2、しょうゆ…大さじ3～4、サラダ油…適量、にんじん（型抜きしてゆでたもの）…1枚、きぬさや…5～6枚、木の芽…適量、ごま…少々

作り方

① 玉ねぎはくし形切りにする。じゃがいも、にんじんは食べやすい大きさに切る。

② 牛肉、玉ねぎ、しょうがのみじん切りをサラダ油で炒め、じゃがいも、にんじんを加えて炒める。酒、水200㎖（分量外）を加えて煮立て、アクを取って7分ほど煮る。野菜が柔らかくなったら砂糖、しょうゆを加えて落としぶたをし、20分ほど煮る。

③ きぬさやは色よくゆでてせん切りにする。2を器に盛り、きぬさや、型抜きしたにんじんを添え、ごまをふり、木の芽を添える。

奥から順に素材ごとに盛りつける

素材ごとに盛る。じゃがいもや玉ねぎなど大きなものは奥に、肉は手前に盛り目立たせる。

木の芽をふんわりと高く盛りつける

木の芽を肉じゃがの中央に盛る。何回かに分けて盛り、ふんわりと高さを出すようにする。

p.8

アボカドのタルタルサラダ

使用した器

約27×27cmの
ガラスのプレート(グ)

**タルタルサラダを
セルクルに詰める**

器の中央にセルクル（直径約10cm）を置き、アボカドのタルタルサラダを詰めてセルクルを外す。

**外周をきゅうりの
薄切りで飾る**

薄く半月切りにしたきゅうりをタルタルサラダの外周に半分くらいずつ重ねながらはりつけていく。

Recipe

材料(4人分)

アボカド…½個、かに…100g、玉ねぎ…30g、りんご…50g、マヨネーズ…30g、A（大根・にんじん・きゅうり・きぬさや・ビーツ）…合わせて120g、ビネグレットソース(p.78「鯛のグリルと夏野菜」作り方１参照)…適量、きゅうり(飾り用)…1本、イタリアンパセリ・バジルソース(p.78「鯛のグリルと夏野菜」作り方2参照)・トマトソース（p.61「マスカルポーネとトマトの冷たいパスタ」作り方１参照）・マイクロトマト…各少々

作り方

① アボカド、りんごは粗みじん切りにする。玉ねぎはみじん切りにする。
② １にかに、マヨネーズを加えて混ぜる。
③ 飾り用のきゅうりは半月切りにする。
④ Aは全てせん切りにし、ビネグレットソースで和える。
⑤ 器に2を盛って3をはり、4をのせ、イタリアンパセリ、バジルソース、トマトソース、マイクロトマトを添える。

---

p.9

かに爪のクリームコロッケ、野菜の軽い煮込み添え

使用した器

直径約28.3cmの
磁器のプレート(ミ)

**野菜の煮込みを
長方形のセルクルに詰める**

器の中央に長方形のセルクル（約4×10cm）を置き、野菜の煮込みを詰めてセルクルを外す。

**野菜を盛りつけて
ディルを添える**

野菜を大きなものから等間隔に並べ、ディルを添える。野菜の間にオリーブ油をたらす。

Recipe

材料(8個分)

かに爪(冷凍)…8本、玉ねぎ…60g、バター…30g、薄力粉…30g、牛乳…240g、薄力粉・溶き卵・パセリ入りパン粉…各適量、揚げ油…適量、A（玉ねぎ50g、じゃがいも1個、にんじん80g、さやいんげん5本）、オリーブ油…大さじ2、白ワインビネガー…大さじ2、塩・こしょう…各少々、B（こごみ・ロマネスコ・枝豆・スナップえんどう各適量）、ディル…少々

作り方

① Aは全てさいの目切りにする。オリーブ油で炒めて白ワインビネガーを加え、塩、こしょうで味を調える。Bはゆでる。
② 玉ねぎをみじん切りにし、バターで炒める。薄力粉を加えて炒め、火を止めて牛乳を注ぎ、よく混ぜて再び火にかける。8等分してそれぞれラップに広げる。
③ かに爪は白ワイン少々（分量外）をふり、ハーブの茎（分量外）をのせてラップをかけ、電子レンジで解凍する。かに爪に薄力粉をまぶし、２で包む。薄力粉、溶き卵、パセリ入りパン粉の順に衣をつけ、冷蔵庫で冷やす。
④ 3を低温に熱した揚げ油に入れ、徐々に火を強くしてカラリと揚げる。
⑤ 器に1、4を盛り、ディル、オリーブ油（分量外）を添える。

著者略歴

宮澤奈々

料理研究家。料理サロン「C'est Très Bon」(セ・トレ・ボン)を主宰。懐石料理をはじめ幅広い料理に精通し、スタイリッシュな盛りつけとテーブルコーディネート、家庭で無理なく作れるよう工夫されたレシピは多くの女性から支持を受ける。器のプロデュースを手がけるなど幅広く活動する。

http://nanamiyazawa.com/

テーブルウェア協力(五十音順・( )内はブランド名)

(有) 有田製窯㈱(ARITA PORCELAIN LAB) ☎ 0955-43-2224
(池) ㈱池商 ☎ 042-795-4311
(グ) グラススタジオ・ジャパン ☎ 075-532-0632
(島) 島田敦夫 ☎ 049-281-2400(ギャラリーうつわ坂)、
☎ 042-984-0777(武州土耕窯)
(ス) スガハラショップ青山(スガハラ) ☎ 03-5468-8131
(コ) コーンズ・アンド・カンパニー・リミテッド(GENSE、ソリア)
☎ 03-5730-1609
(チ) チェリーテラス・代官山 ☎ 03-3770-8728
(ツ) ツヴィーゼル・ブティック代官山 ☎ 03-3770-3553
(N) NARUMI コンセプトショップ【DIECI GINZA ディエチ ギンザ】
☎ 03-3289-8500
(ヌ) NUM NUAN http://www.numnuan.com/
(箕) 箕浦徹哉 ☎ 03-3823-8814(工房 東京窯志舎)
(ミ) ミヤザキ食器㈱ ☎ 03-3844-1014
(山) ㈱山加荻村漆器店 ☎ 0264-34-2411
(R) REALJAPANPROJECT ☎ 03-5468-0009

p.1 プレート…REALJAPANPROJECT
p.12・56 丸皿、p.18 鉢、p.20 長皿、p.21 変形皿…箕浦徹哉
p.13 丸皿、p.21 片口鉢…島田敦夫
p.16 四角皿、p.19 小鉢…㈱山加荻村漆器店
p.59 プレート、p.60 プレート、p.149 プレート…ミヤザキ食器㈱
p.60 ガラス鉢、ガラス小鉢…スガハラショップ青山(スガハラ)
p.60 スプーン…コーンズ・アンド・カンパニー・リミテッド(GENSE)
p.61 ガラスプレート、p.97 取り皿、p.115 ガラスプレート、
p.148 ガラスプレート…グラススタジオ・ジャパン

食材協力(p.40 ~ 49)

半兵衛麩本店 ☎ 075-525-0008

製菓材料や道具を幅広く扱うショップ

クオカ ☎ 0120-863-639
富澤商店 ☎ 042-776-6488

STAFF

撮影 成清徹也
スタイリング 石井晋子
撮影協力 西澤公美、林昌子(メイク)、広瀬あつ子
デザイン GRiD(釜内由紀江、五十嵐奈央子)
企画・編集・製作 株式会社童夢

おいしく見せる　盛りつけの基本

●協定により検印省略
著　　者 宮澤奈々
発 行 者 池田 豊
印 刷 所 凸版印刷株式会社
製 本 所 凸版印刷株式会社
発 行 所 株式会社池田書店
〒162-0851 東京都新宿区弁天町43番地
電話03-3267-6821(代)/振替00120-9-60072

落丁・乱丁はおとりかえいたします。

ISBN978-4-262-12966-2

1102412